古鏡のひみつ

見るだけで楽しめる！
「鏡の裏の世界」をさぐる

元川崎市市民ミュージアム学芸員
新井悟 編著

河出書房新社

はじめに——6

序章　ようこそ、鏡の裏側の世界へ

実用品とは違う「鏡」の姿——10
鏡の裏に描かれた世界——12
鏡の部分名称——16
本書でとりあげる主な時代——18

第1章　古代人は鏡に何を見たか？

鏡の登場と変遷——20
鏡の不思議な力——23
日本にやってきた鏡——26
神様と鏡、天皇と鏡——29
天皇と鏡の関係——32

第2章　変化する中国鏡

漢の時代とその鏡　36
詩の銘文そのものが紋様に　40
うねる紋様から顔を出す瑞獣　42
四神や瑞獣が取り巻く獣帯鏡　44
宇宙の姿をあらわした鏡　46
躍動する四神像！　48
神仙の姿を浮彫で描く　50
ナゾの動物の正体は？　52
鏡の〝三国志〟　54
陰と陽の調和を示した仙人像　56
三国志、呉が生み出した鏡　58
配置のヴァリエーション　60
復古調の魏の鏡　62

第3章　日本の鏡のオリジナリティ

〝国産〟の鏡は、模倣から独創へ　64
巨大な日輪のイメージ　66
模倣と独創の融和をみる　68

二つのデザインが合体 72
家屋を描く、独特の鏡 74
ナゾの獣が刻まれた鏡 76
トピックス 銅鏡のつくりかた 78
トピックス 三角縁神獣鏡のナゾ 82

第4章 ムラの鏡、古墳の鏡

ムラと古墳、鏡の役割は？ 86
ムラの鏡
東日本最古級！ 弥生時代の鏡 88
鏡を吊した？ 二つの孔がある鏡 90
古墳時代の住居跡から出土 91
古墳時代の「家じまい」？ 埋納された鏡 92
古墳時代の祭祀に用いられた鏡 96
古墳の鏡
同じ古墳なのに、違いが際立つ 98
四体の獣を描いた〝国産〟の鏡 102
赤色の顔料がついた鏡 103

トピックス　鈴鏡を復元する――104

第5章　鏡の向こう側の世界へ

再生する鏡――110
鏡のなかに神秘を見る――112

おわりに――116

参考文献／執筆者紹介――118
川崎市市民ミュージアムについて――119

はじめに

遺跡から出土した鏡は、ほとんどの場合、錆《さび》に覆われています。しかし、鏡面の一部に白銅色の輝きが残っていることが稀にあり、そこに眼をやると、にぶく、うすぼんやりとですが、深く奥行きのある映像をみる幸運に恵まれることもあります。そんな時、この鏡が、道具として使われていた時に映した映像が記録されていたならばと、輝く鏡面の無の世界の向こうに思いをめぐらすことがあります。

ユーラシア大陸の東端に位置する日本列島に鏡が持ち込まれたのは、弥生時代のことです。多鈕細紋鏡《たちゅうさいもんきょう》とよばれる北東アジアから朝鮮半島に分布する鏡が弥生時代前期に現れ、弥生時代中期には中国鏡が舶載《はくさい》されました。その後は、ほぼ途切れることなく、各時代の中国鏡が輸入され、また日本列島でも製作されるようになりました。

ユーラシア大陸の各地域における鏡の出土状況を、考古学的調査の報告書を集めて調べたことがありますが、このような現象が顕著なのは日本列島だけでした。それほど、この日本列島にくらした人びとは鏡が好きだったのです。『魏志倭人《ぎしわじん》伝《でん》』にみえる「汝好物」という表現もうなずけるところです。

なぜこれほどまでに鏡は愛好されたのでしょうか。川崎市市民ミュージアムでは、二〇一五年に、企画展「古鏡 ―その神秘の力―」を開催しました（会期：十月十日～十一月二三日）。企画展では、その答えを鏡の神秘性に求めました。

鏡は、その光輝を放つ性質から神聖なものとみられると同時に、中国王朝の権威を象徴する貴重な舶載の財として取り扱われ、倭《わ》王権から大豪族へ、さらには各地域の豪族へと贈与が繰り返され、ひろがっていったと考えられます。この経過のなかで、人びとの心性と深いかかわりをもつ、鏡を神器としてあがめ、やがては鏡のなかに神を見い出す、独特の文化が成立したのです。

本書では、鏡の中に神秘をみる感性の在り方をみつめながら、日本列島の各時代の鏡の展開を紹介します。また、川崎市市民ミュージアムでの企画展開催中に実施した、同型鏡づくりの方法で鋳型製作から製品の研磨までを体験する「鏡づくり」ワークショップに際してお世話になった雨宮加代子さんには、山梨県立考古博物館で取り組まれた鏡づくりの体験のトピックスを監修していただきました。

●本書は、川崎市市民ミュージアムが2015年10月10日から11月23日まで開催した企画展「古鏡 —その神秘の力—」の展示内容を元に、あらたな書き下ろしなどを加えて、書籍として構成したものです。

●本書に収録されている図版・写真は企画展において展示されたもの並びに展示解説図録に掲載されているものと異なるものも含みます。

●古鏡についてのキャプションは「製作時代、出土地、面径／所蔵者、企画展の際の出品番号」の順で記載しました。

●資料名については、所蔵者・保管先・報告書などが使用するものと異なるものがあります。また、出土地の記載がないものは、いわゆる「出土地不詳」かまたは「伝世品」です。

序章

ようこそ、鏡の裏側の世界へ

実用品とは違う「鏡」の姿

　神社に鏡が祭られているのを見たことはないだろうか。神道では、神に具体的な姿、形はなく、山、岩、樹木、御幣《ごへい》などに神が依《よ》りつくとされてきた。鏡もまた、神が降臨する依代《よりしろ》（霊代《たましろ》）として信仰されてきた。天皇が即位する際の三種の神器のひとつにも鏡（八《や》咫《たの》鏡《かがみ》）がある。

　鏡は、姿見という実用品以外の役割をも担っているのである。

　このような、鏡を神聖視、特別視する考えは、突然現代に湧いて出てきたわけではない。

　考古学的にみると、鏡は弥生時代から存在する。この時代に中国大陸から伝わってきたものだろう。また、古墳時代になると、大量の鏡が豪族の墓（古墳）に副葬された。古墳だけではなく、竪穴住居跡や水辺からの出土例もある。そして、奈良～平安時代になると、神社仏閣に奉納された鏡が多い。

　古代から人びとは、鏡に対して特別な思いを抱いてきた。それを知る手がかりが、鏡の裏（「鏡《きょう》背《はい》」という）にある。光を反射する鏡面。その裏側の鏡背に人びとは紋様を刻み続けてきた。光をイメージした放射線状の紋様にはじまり、方位を守る四神《ししん》、仙人《せんにん》、さらには禽獣《きんじゅう》や植物などで楽園を描いたものもある。

　鏡の裏側をみることで、鏡に神秘の力を感じた古代人の感性にふれることができる。

　さあ、鏡の裏の世界をのぞいてみよう。

三角縁天王日月四神四獣鏡（当初復元）

神奈川県白山古墳から出土した、3世紀後半に作られた三角縁神獣鏡（解説>>>P98）の当初の姿を復元したものである。古代の鏡は、銅と20%以上の錫で鋳造されていて高錫合金と呼ばれる。これは澄んだ銀色の光沢をもち、古代の人びとはその輝きに神秘の力を感じたことだろう。同時代の晋の葛洪《かっこう》の『抱朴子《ほうぼくし》』内篇十七「登渉篇」には、道士（神仙術の修行者）が山に入る時、径9寸以上の鏡を背中にかけていくと、人に化けた魑魅魍魎《ちみもうりょう》に山中で出会っても、それを鏡に映すことで真の姿が現れ、災難を避けることができるとある。

〈復元（原品は神奈川県白山古墳出土） 22.4cm／川崎市教育委員会蔵 Ⅰ-1〉

鏡の裏に描かれた世界

古代の金属製の鏡の裏には、さまざまな紋様があらわされている。日輪のような幾何学的紋様や、縁起がよいとされる瑞獣、宇宙を司る仙人など、当時の人びとの世界観が刻まれている。

さらに、鏡には、祭りで吊したと思われる孔が開いたものや、廃絶した住居に埋納されたりしたものがある。その扱い方からも、鏡への思いや鏡の役割といったものをうかがいしることができる。

西王母と
呼ばれる神仙
〈神人龍虎画像鏡 後漢／Ⅱ-79〉

円を組み合わせた、
弧を描く紋様
〈連弧紋鏡 後漢／Ⅱ-9〉

ひな壇のように並ぶ神像
〈重列式神獣鏡 後漢／Ⅲ-9〉

和気満堂蔵（この見開きすべて）

方位を守る守護神
〈方格規矩四神鏡 前漢／Ⅱ-28〉

向き合う２匹の
怪物 〈盤龍鏡 後漢／Ⅱ-88〉

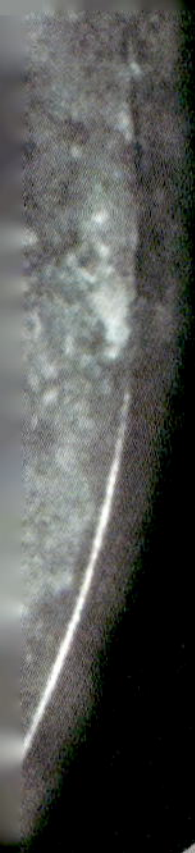

櫛の歯のような紋様がとりまく

〈弥生時代小形倣製鏡 弥生時代後期中頃／日本窯業史研究所保管 V-1〉

列をなす珠点から、旋回しながら放射状にのびる弧線

〈珠紋鏡 古墳時代／北区飛鳥山博物館蔵 V-9〉

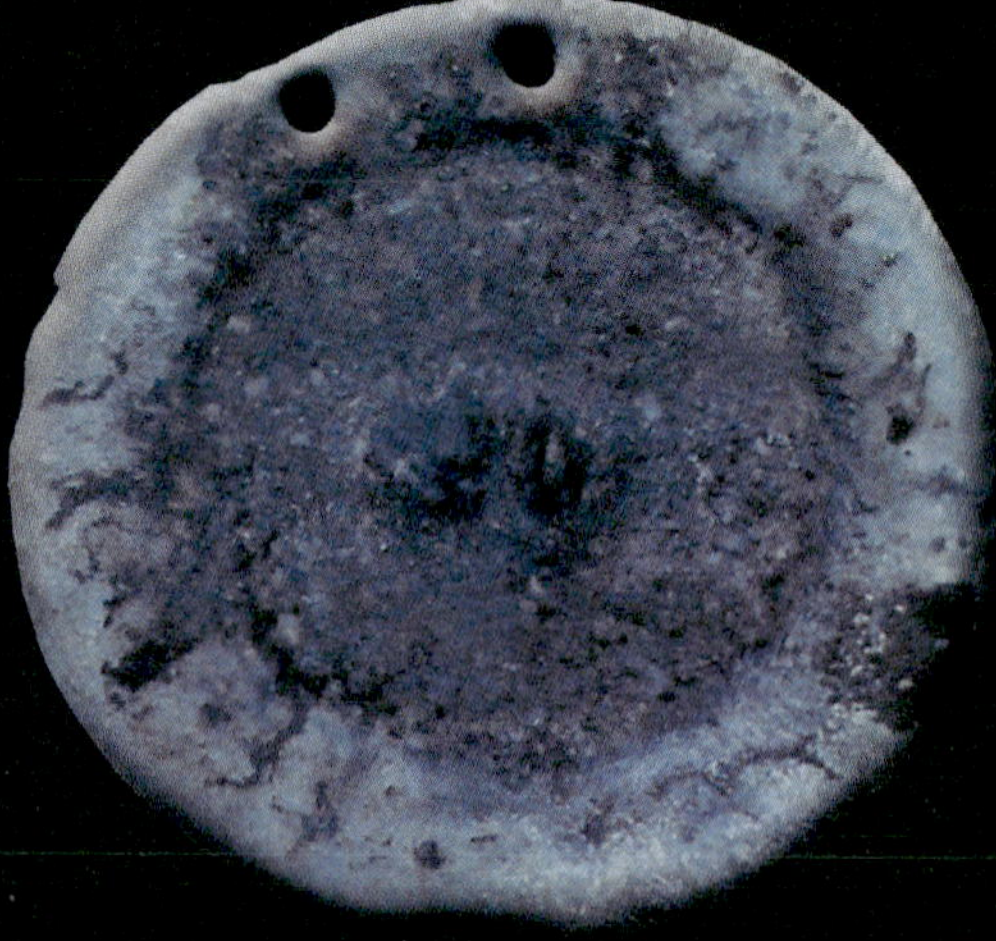

鏡を吊した？ 2つの孔をもつ鏡

〈素紋鏡 弥生時代後期／八王子市郷土資料館蔵 V-2〉

赤色の顔料がついた鏡

〈連弧紋鏡 古墳時代／大田区立郷土博物館蔵 V-29〉

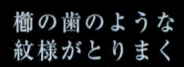

多摩川流域の古墳から出土した、
舶載の鏡

〈三角縁天王日月四神四獣鏡／
慶應義塾大学文学部考古学研究室蔵 Ⅴ-22〉

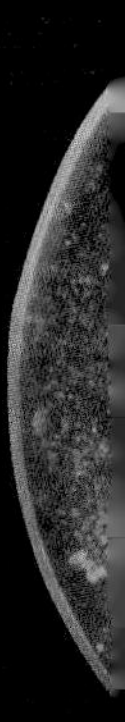

秋草と飛び交う
2羽の鳥

〈秋草双鳥鏡 12世紀中頃／
國學院大學博物館蔵 Ⅵ-6〉

鏡の部分名称

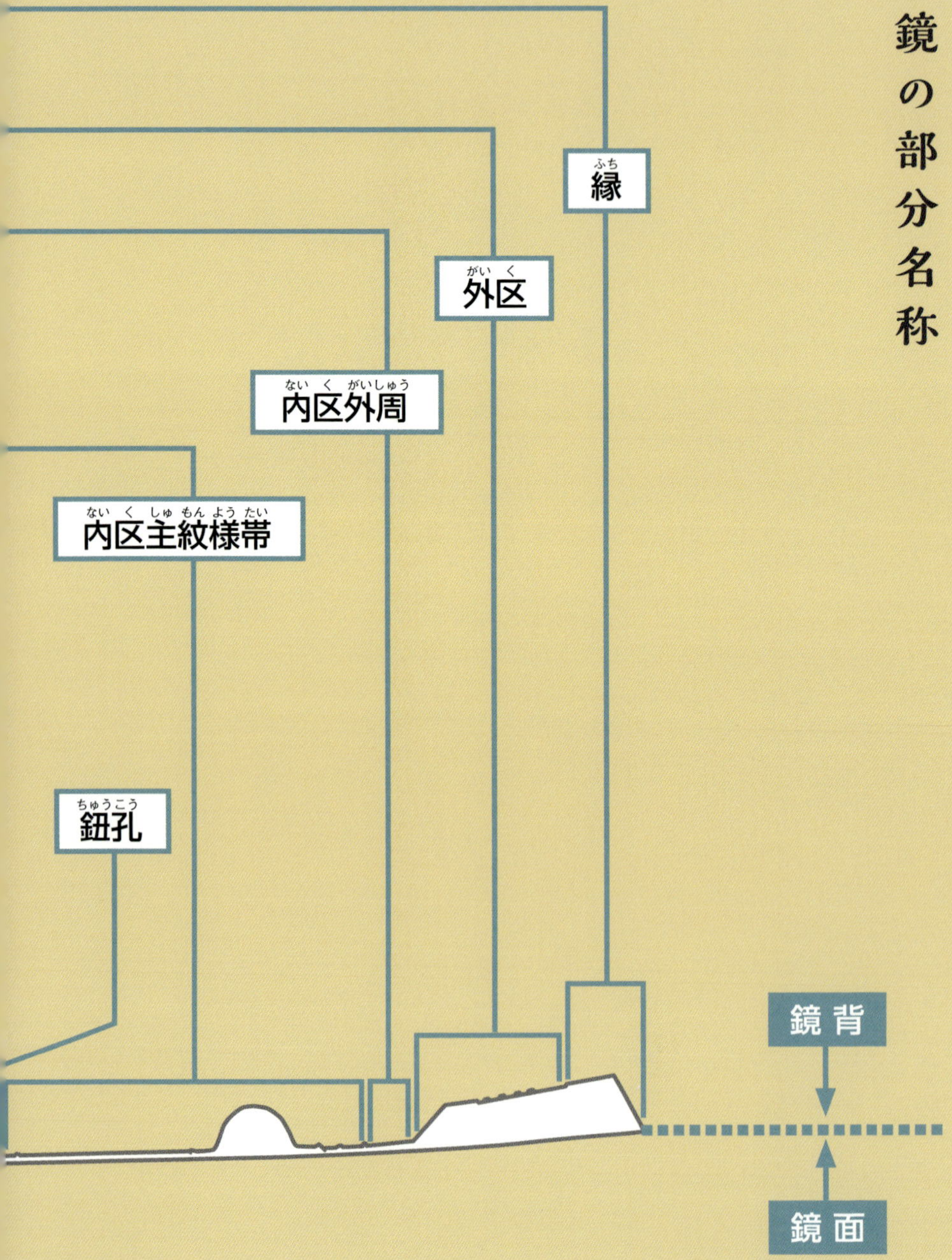

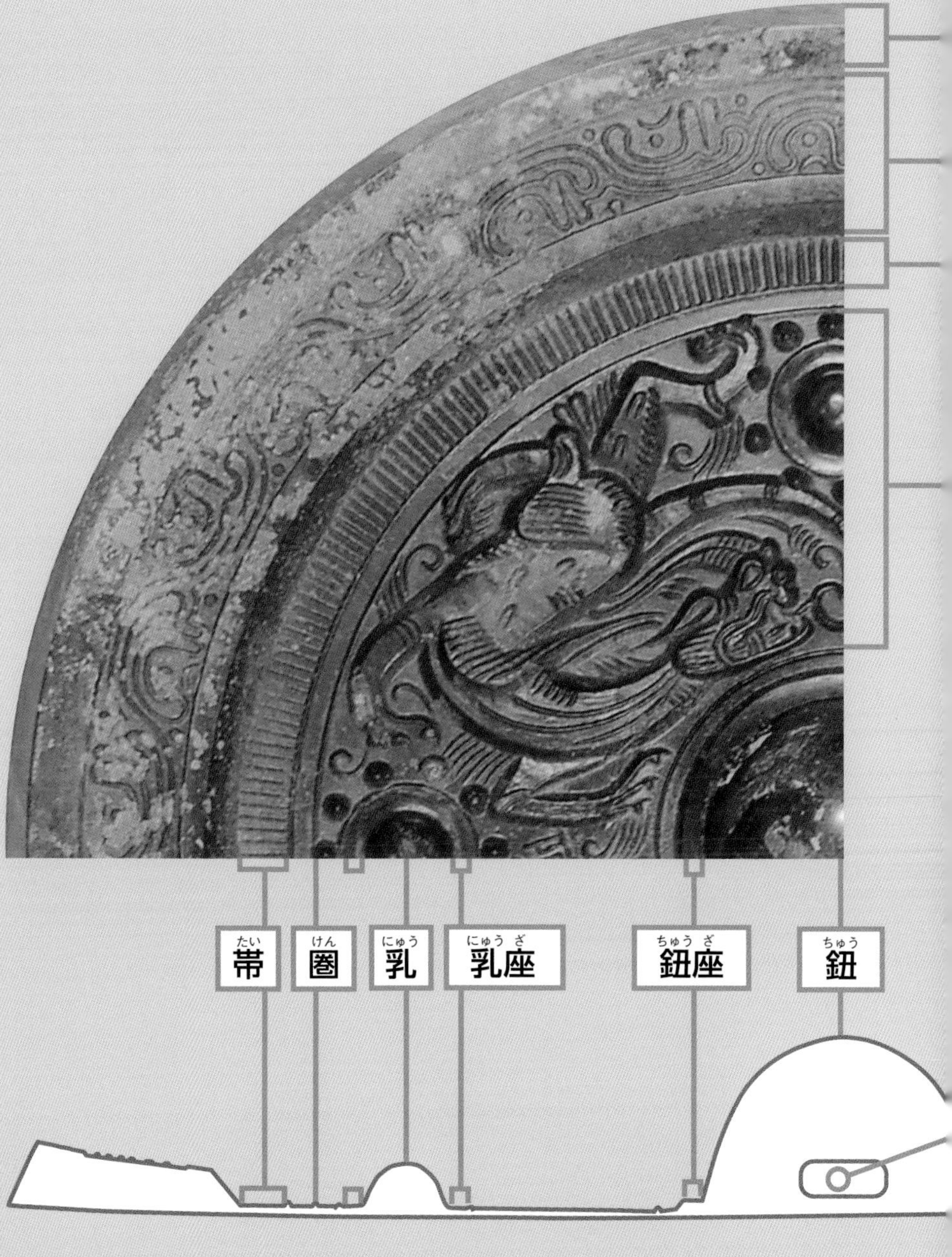

〈神人龍虎画像鏡 後漢／和気満堂蔵　Ⅱ -78〉

本書でとりあげる主な時代

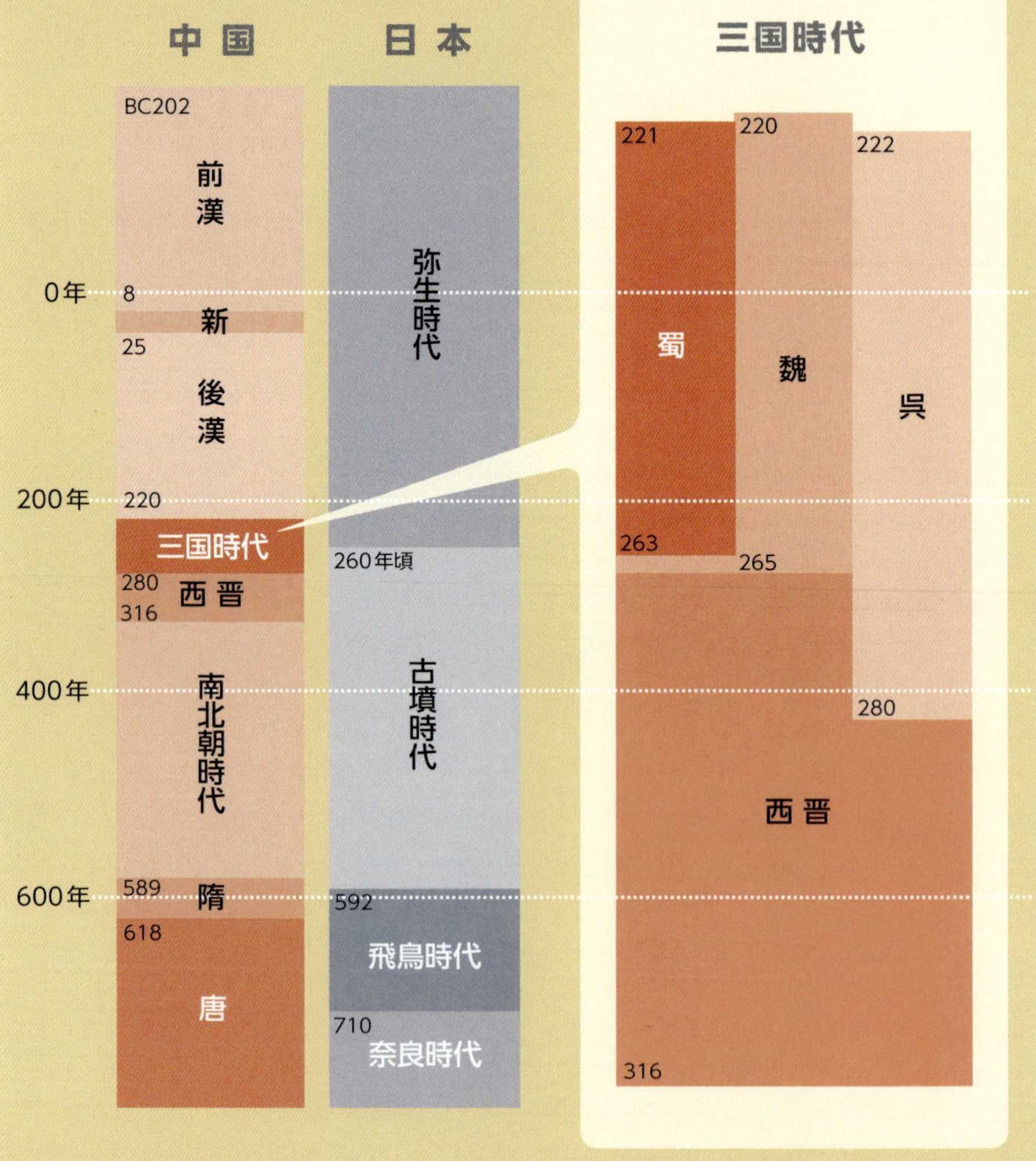

第1章
古代人は鏡に何を見たか？

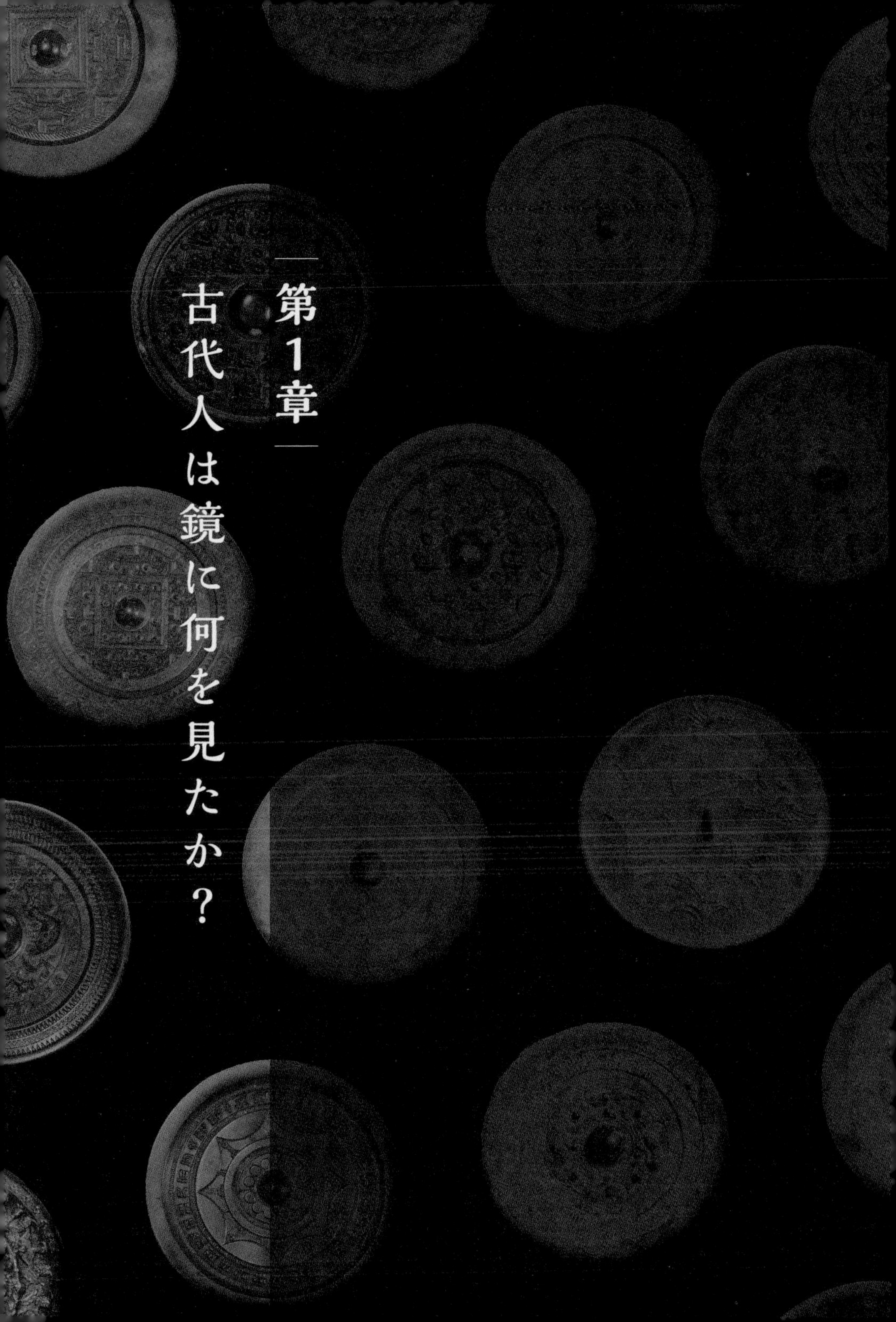

鏡の登場と変遷

東アジアにおける金属製の鏡は、今のところ年代が判明しているものでは、四〇〇〇年前の新石器時代、中国の斉家《せいか》文化までさかのぼるものが最も古い。その後、殷周《いんしゅう》[※1]時代を経て、春秋戦国《しゅんじゅうせんごく》時代に精巧な金属製の鏡が製作されるようになった。

姿見とは別の性格を帯びた「鏡」

初期の鏡は、おそらく器に水を張って使う水鏡のような類で、姿見として用いられたのであろう。

しかし金属製の円盤である鏡には、その素材的特性から、太陽光をうけて光り輝くという特徴がある。鏡は太陽の雛形《ひながた》と認識され、その特徴に人びとは惑わされた。日常からはかけ離れた神秘の力を、古代の人びとは鏡から感じとったのである。

ここに鏡のもつ、姿見としての実用の具とは別の性格、呪術性の源泉がある。

器物としての鏡には、光り輝く鏡面と、その裏側の鏡背がある。やがて人びとは、鏡背を紋様で飾るようになる。この鏡背の紋様は、鏡面に神秘の力の存在を確信した感性と密接な関係をもつものである。

殷周時代の鏡には放射線状の紋様をあらわした、幅広の紋様帯をもつものがあらわれた。これは光を紋様化したものであろう。この放射線状の紋様は、この後、六朝《りくちょう》[※2]代まで中国鏡の基本の構成要素として使われ続ける。

春秋戦国時代になると、鋳鏡《ちゅうきょう》技術が高度になり、鏡背の紋様の題材や表現手法も多岐にわたるようになる。幾何《きか》図文、花弁などの植物文、獣などの動物文などを、やがて漢代の半ば以降になると神仙や人物図像をあらわした鏡が登場する。

心の持ちようが鏡にたとえられる

この頃の人びとの鏡に関する見方は、『荘子《そうし》[※3]』の一節にあらわれている。『荘子』応帝王篇に「至人《しじん》の心を用うることは、鏡の若《ごと》し。送らず、

さまざまな瑞獣が取り巻く
後漢の時代に登場した獣帯鏡は、四神や瑞獣を繊細な表現であらわした。写真は細線式獣帯鏡。
解説 >>>P44
〈後漢 16.5cm／和気満堂蔵 Ⅱ-19〉

明鏡止水という
言葉も
『荘子』が
元になってるのさ
心の持ちようを、
鏡に
たとえたんだね

明鏡止水

くもりのない鏡と、ざわめくことのない静かな水。
なんの感情の乱れもなく、澄みきって静かな心であることをいう。

用語集

殷周時代 ※1>>>P20	殷（前16世紀〜前11世紀）は現在確認できる中国最古の王朝。前11世紀、周が殷を滅ぼし、これに代わったが、前6世紀以降、王権が衰え、諸侯の割拠する春秋戦国時代（前770〜前221年）となる。
六朝 ※2>>>P20	後漢の滅亡後から隋の統一までの間（3〜6世紀）、江南（長江下流域の南岸）に興亡した6王朝。三国の呉、東晋、南朝の宋・斉・梁・陳を指す。
『荘子』 ※3>>>P20	戦国時代の思想家・荘子（生没年不詳）によるとされる著作。万物の生滅を超えて、秩序を成り立たせている「道」の概念を提唱し、この「道」を体得することで、真の人間性を回復すると説く。仏教と結合して、禅宗の成立に大きな影響を与えた。
讖緯説 ※4>>>P22	予言や神秘を説く学説。未来を予言する「讖」と、経書（儒教の基本文献）を神秘的に解釈する「緯」が結合したもの。緯書はそれらの文献。前漢末から後漢にかけて流行した。
劉秀 ※5>>>P22	前6〜後57年。後漢の初代皇帝（在位25〜57年）。光武帝。日本との関係では、倭奴国に金印を授けた人物として有名。

迎えず、応えて蔵《こだ》わらず。故に能《よ》く物に勝《た》えて傷つけられず」（大意：本当の人物というのは鏡のようなものである。鏡がものごとをそのまま映すように、どのようなものにもそのまま対応し、名声を誇ることもなければ物欲に心が動かされることもない。それ故に争ったり人にだまされたりして傷つくこともない）とある。

同じく天道篇には「聖人の心は天地の鑑《かがみ》なり。万物の鏡なり」（大意：聖人の心は鏡のようにこまやかに精微を映し出し、また、深慮を照らす）とある。

至人とは、宇宙と人生の根源にある原理である「道《どう》」を体得した哲人のことであり、その徳を鏡で象徴している。

鏡が、ここでは哲学的な比喩《ひゆ》として徳のある人物、「道」を体得した哲人の心の持ちようをあらわし、語

られている。その後、やがて漢代を通じて、「鏡」そのものが皇帝の象徴となっていく。

皇帝の象徴としての鏡

　前漢《ぜんかん》の後半、※4讖緯《しんい》説《せつ》という未来予言的な性格をもつ神秘思想が緯書《いしょ》という形をとって流行しだした。その後、漢代を通じて儒教《じゅきょう》と表裏一体の関係をたもちながら、人びとの考え方や感じ方に影響を与えていく。

　漢王朝を再興した、後漢の初代皇帝・※5劉秀《りゅうしゅう》に関係した緯書であるともいわれる『洛書録運法春秋孔内事』には「人あり卯金刀、天鏡《てんきょう》を握らん」とある。これは、次の皇帝（天鏡）になるのは劉氏（「卯金刀」は「劉」の字を分解したもの）であるとの予言と解された。鏡は、このように漢代において、皇帝の象徴としても取り扱われるようになった。

　前漢後半から後漢《ごかん》にかけて、天円地方の図形表現の中に玄武《げんぶ》・青龍《せいりゅう》・朱雀《すざく》・白虎《びゃっこ》の四神を配した方格規矩《ほうかくきく》四《し》神鏡《しんきょう》や、めでたいことが起こる時に現れるとされたさまざまな瑞《ずい》獣《じゅう》をめぐらした獣帯鏡《じゅうたいきょう》、陰と陽の対立を楽の音で調和させた世界観を、西王母《せいおうぼ》と東王父《とうおうふ》、琴の名手伯牙《はくが》の図像で表現した神獣鏡《しんじゅうきょう》などが作られていく。

　鏡背には世界観・宇宙観が刻まれ、その整った宇宙こそが理想とされ、そこで陰陽が順調にめぐることで作物が豊かに実り、長寿を保ち、子孫が繁栄し、国家の安泰が得られると考えられたのであろう。

中国鏡とその思想の拡大

　前漢・武帝《ぶてい》の時期（在位前一四一〜前八七）を中心に、漢の版図が拡大していくと、それに重なるようにして中国の周辺地域に中国鏡が広まっていく。南越国《なんえつこく》（ベトナム北部）、西北（シルクロード河西《かせい》回廊）、モンゴル、シベリア、朝鮮半島、そして、弥生時代の日本列島など。

　そのとき、鏡のもつ呪術性は、東アジア各地の社会のそれぞれの文化のなかへと受け入れられていく。

（新井 悟）

宇宙観を表現した方格規矩四神鏡

中央の四角形は地を、外側の円は宇宙を意味し、さらに方位をつかさどる四神を描く。当時の人びとの宇宙観が鏡にあらわされている。解説 >>>P48

〈前漢 12.9cm／和気満堂蔵 Ⅱ-28〉

鏡の不思議な力
古代中国の書物にみる鏡

古代の人びとは鏡に神秘の力を感じ、その霊威をあがめてきた。そのような思いが反映されているのであろう、古代中国の書物には、不思議な力をもつ鏡のエピソードがしばしば登場する。

1 『抱《ほう》朴《ぼく》子《し》』内篇

要約

万物の老いたる物の精は人間の姿をして現れ、人の目を幻惑するが、唯だ鏡の中ではその真の姿が映される。
道士（神仙術の修行者）が山に入るときは、径九寸以上の鏡を背中にかけてゆくと、魑魅《ちみ》魍魎《もうりょう》はこれを避ける。人が来たときは鏡の中をみるとよい。もし、それが仙人やいい神であれば、鏡に映っても人の姿をしている。もし、魑魅魍魎の類ならば、その正体が現れ、災難を避けることができる。（略）

林慮山の麓に一軒の家があった。ここに泊まる者は病死するなどの怪異が起きた。伯夷《はくい》なる者がここに泊まり、燭を明るくして座っていた。夜半、突然十数人の客がやってきたが、伯夷が密かに鏡でこれを照らすと犬の群れであった。懐中の小刀でそのうちの一人を刺すと、叫び声をあげて犬の姿になって死んだ。残りの犬はたちまち逃げ出した。これは即ち、鏡の力である。

解説

四世紀、晋の葛洪《かっこう》の著作で内篇と外篇からなる。内篇は道家思想に基づく神仙術について述べており、鏡を用いた呪法などについて説く。

3 『西京雑記《せいけいざっき》』

要約

宣帝《せんてい》（前漢９代皇帝）は幼い頃、祖父が反乱を起こしたため、牢獄に入れられたことがあった。その時もずっと祖母から贈られた五色の組紐を付けた、インドの宝鏡を身につけていた。鏡は八銖《しゅ》銭ほどの大きさ〔３cm前後〕であった。この鏡は妖怪の正体を暴き、これを身につけていると天の神が福をもたらすと言われていた。このおかげで宣帝は窮地を脱した。皇帝になってからも常にこの鏡を持ち歩き、感慨でむせび泣くことが多かった。皇帝の死後、その鏡は行方知れずになってしまった。

解説

前漢（前２０２～後８）の都・長安のエピソードを集めた書。有名人の逸話や風俗、珍しい物品、非日常的な事件などに関する見聞が収められている。この鏡は、実用品としては小さすぎるので、お守りや呪術用に用いられたのかもしれない。

2 『捜神後記《そうじんこうき》』

要約

淮南《わいなん》の陳《ちん》という者が畑で豆を植えていたところ、美しい女がふたり現れた。雨が降ってもその女の衣服は濡れなかった。壁に掛けてあった銅製の鏡をみたところ、その姿は２頭の鹿であった。そこで、刀で切りつけてつかまえ、干し肉にした。

解説

中国の六朝時代（３～６世紀）に「志怪《しかい》小説」と呼ばれるものがさかんに編まれた。世間で起こった怪異を集めたもので、小説といっても“創作”のニュアンスはない。『捜神後記』もそのひとつで、晋の陶淵明《とうえんめい》の著といわれる。

4 『洞冥記《どうめいき》』

要約　望蟾閣《ぼうせんかく》にある青金（鉛）の鏡は、直径が四尺ある。元光《げんこう》年間（前一三四～前一二九）に支祇国《しぎこく》から献上されたもので、魑魅《ちみ》（怪物）を照らすとその姿が現れるので、百鬼は形を隠すことができなかった。

解説　前漢の武帝と側近の東方朔《とうぼうさく》にまつわるエピソード集。仙人の世界へ行くなどの現実離れした話が多い。

17世紀、明代の百科事典『三才図会』に描かれたタヌキ（左）キツネ（右）。
国立国会図書館蔵

5 『古鏡記《こきょうき》』

要約　師匠の侯生《こうせい》が世を去るにあたり、私に古い鏡を贈られた。「これを持っているならば、多くの妖怪が人間から遠ざかる」と仰った。その鏡の直径は八寸、つまみは麒麟《きりん》がうずくまった形をしている。つまみのまわりに亀・龍・鳳・虎と方角通りに敷き並べてある。その外側にはさらに八卦《はっけ》の形をもうけ、八卦の外側には十二支を位置づけて動物をととのえてある。その十二支の外側には、さらに二十四の文字を配する。日光に向けて照らすと、背面の文字や絵は光の中に黒く投射し、少しも欠けることがない。取り上げて叩くと、清らかに澄んだ音色がゆっくりと響き、ちょうど一日たってやむ。（略）

長安への帰途、長楽坡《ちょうらくは》の宿に泊まり、身なりを整えようと鏡を取り出すと、女中の様子がおかしい。私は化物ではないかと思い、鏡を手にして問い詰めると、はたして千年の古狸（古狐とする版もある）ということであった。女中は「天の鏡にひとたび照らされたからには、姿をくらますことはできません」と言い、死の前に今生の喜びを尽くしたいというので、近所の者を呼び寄せ酒宴をひらいた。女中は大層酔い、踊りながら歌い、歌い終わると二度お辞儀をして、古狸の姿となって死んだ。一座の者は大いに驚嘆した。

解説　七世紀、隋末唐初の王度《おうたく》（生没年不詳）の作と言われる。王度が師匠の侯生から贈られた神鏡は、妖魔の正体を暴き、村人に祟る鮫魚を倒し、娘に取り憑いた老鶏を退治するなどの霊威を示すが、ある日行方知れずになったという。

日本にやってきた鏡

日本列島には、弥生時代前期に、北東アジアから朝鮮半島にかけて分布する多鈕細紋鏡《たちゅうさいもんきょう》※1が、最初の鏡として、半島からもたらされた。ついで、弥生時代中期以降多くの中国鏡が日本列島各地の社会にもちこまれた。

ほどなく、弥生時代の人びとは、中国製の鏡を模倣して、日本列島製の鏡「倭鏡《わきょう》（倣製鏡《ぼうせいきょう》）」を作り始める。

古墳時代になり、三世紀後半から四世紀の前期古墳には大量の鏡が副葬されるようになる。同時に倭鏡の直径も巨大化してくる。三世紀後半、最大の中国鏡は三角縁神獣鏡《さんかくぶちしんじゅうきょう》で、直径がおよそ二〇センチメートル台前半だったが、倭鏡のなかには四〇センチメートルを超えるものが製作された。鏡を太陽の雛形、日の神を象徴した神器とみなし、大きく作ることで、より大きな霊力を願ったのかもしれない。巨大化した大型倭鏡は、奈良盆地などの巨大前方後円墳に多く副葬されている。

「火」の文字が刻まれた古鏡

当時の倭人が鏡を呪術的に用いていたことをうかがいしることができる資料がある。

明治大学博物館（東京都千代田区）に出土地は不詳ながら、古墳時代の倭鏡がある。直径一九・七センチメートルで、半球形の鈕《ちゅう》を挟んで神像と獣形がそれぞれ相対している。中国製の神獣鏡を模倣して、五世紀後半頃に製作された倭鏡であり、縁の端部に「夫火竟」と三文字の刻銘がある。

「火鏡」とは何を指すのか。今のところ定説はない。「火」はさかんに燃え盛る意だが、この「火」と「鏡」になんらかの親縁性を古代人

用語集

多鈕細紋鏡　※1>>>P26

凹面鏡で、鏡背に幾何学文が施された2、3個の鈕をもつ鏡。朝鮮半島に多く出土する。

卑弥呼が魏に外交使節　※2>>>P28

『魏志倭人伝』には倭の女王・卑弥呼が魏に遣使し、魏の皇帝から「親魏倭王」に任じられた（239年）とある。

倭の五王　※3>>>P28

5世紀、中国の宋（南朝）に遣使した讃（さん）・珍（ちん）・済（せい）・興（こう）・武（ぶ）の5人の倭王。宋の歴史をまとめた『宋書』（488年完成）にその名が記されている。

四六駢儷体　※4>>>P28

4字と6字から成る対句を用いた華麗な文体。六朝時代に流行した。

上代特殊仮名遣い　※5>>>P27

奈良時代およびそれ以前に使われていた仮名遣いをいう。一般にはエ・キ・ケ・コ・ソ・ト・ノ・ヒ・ヘ・ミ・メ・ヨ・ロの13音については、母音が2種類あるとされている。

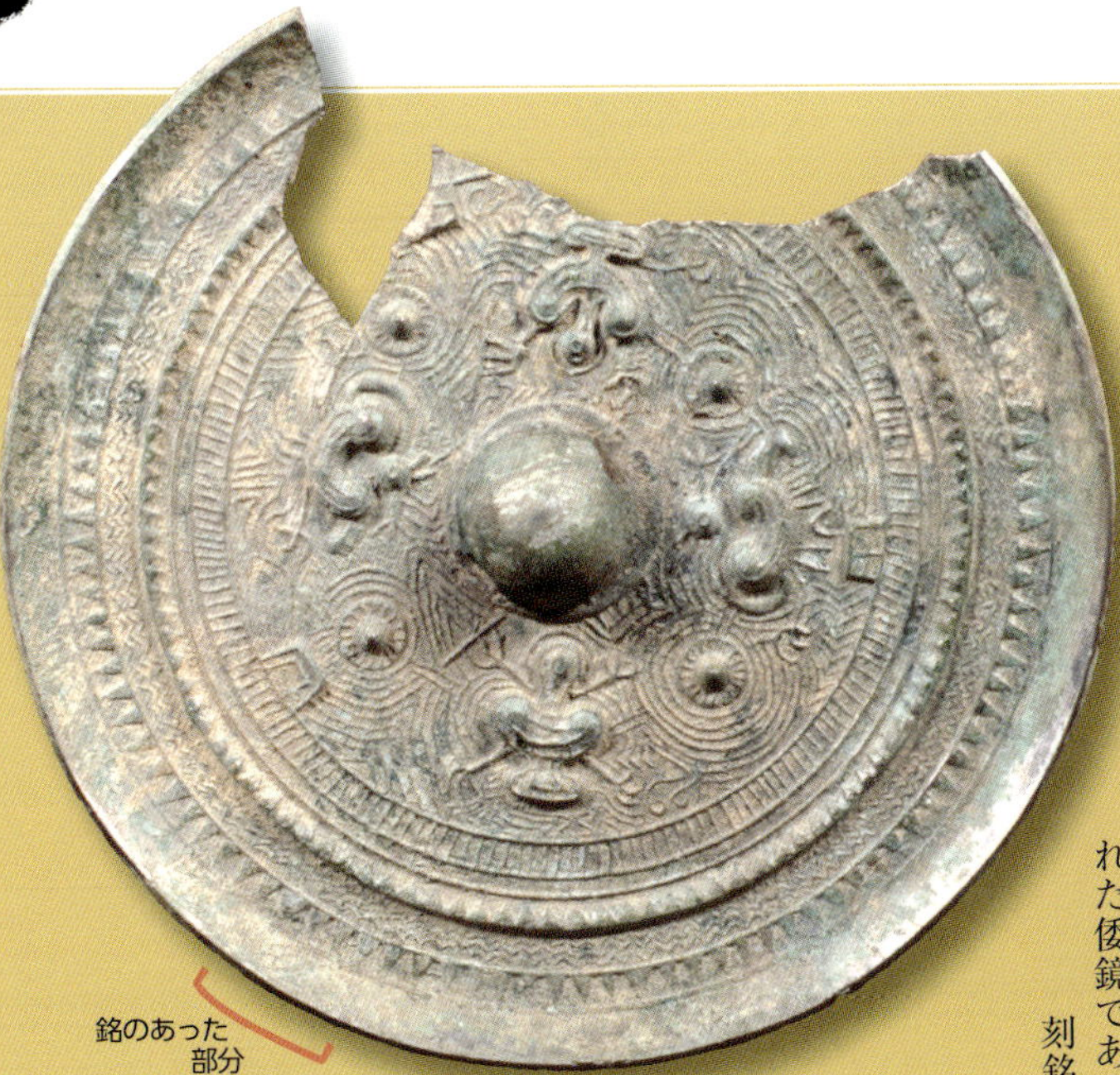

〈古墳時代 19.7cm／明治大学博物館蔵 Ｉ-3〉

「火竟」の文字が刻まれた鏡

内区は半球形の鈕を挟んで神像と獣形がそれぞれ相対する構成をとる。内区外周には櫛歯紋帯と無紋帯、斜面には鋸歯紋帯を配し、外区には複線波紋帯と鋸歯紋帯をめぐらす。中国製の神獣鏡を模倣して、五世紀後半頃に製作された倭鏡である。縁の端部に「夫火竟」と三文字の刻銘があり、古墳時代の日本列島製の文字資料として大変貴重なものである。

「夫火竟」の銘部分の写真

〈写真 明治大学博物館〉

「夫」は観察の結果、第１斜画が刻まれているので、「夫」ではなく「先」と読むことも可能である。「先」はその音から「遷（うつす）」と同義に用いられたとみなすことができる。

「火」は、“ヒ”という音から「日」を連想させるが、奈良時代の頃の上代特殊仮名遣い（※５）では「火」（乙類）と「日」（甲類）とは音が異なり、それぞれ別の万葉仮名を使って書き分けられていたので、この古鏡が作られた５世紀後半の段階でも異なったものであった可能性が高い。かりに太陽光をあらわす「日」ではなく、文字通りの「火」と解釈し、これによって「遷火（火をうつす）」、つまり採火にまつわる呪術的な機能を表現した銘と読むこともできるが、鏡自体は凸面鏡で、オリンピックの聖火をとる儀式で現在でもみられる採火鏡のように凹面鏡ではない。「夫火竟」が何を意味するのかは謎である。

が見出したのだろうか。

　文字（漢字）が、いつ日本列島にもたらされたのかは、はっきりとわからない。※2卑弥呼《ひみこ》が魏《ぎ》に外交使節を送ったのであれば、そのやりとりには漢字を用いた文書があった可能性が高い。倭の五王※3が送ったとされる※4四六駢儷体《しろくべんれんたい》の上表文が『宋書《そうじょ》』に採録されている。その他、埼玉県の稲荷山古墳や熊本県の船山古墳から出土した剣や大刀には、文字が象嵌《ぞうがん》されている。古墳時代の倭の一部で、漢字が使われていたのは間違いない。

さまざまなサイズの鏡

古墳時代になると、大型の鏡が登場する。同時に小さいものも含め、さまざまなサイズの鏡が作られた。これは、倭王権が鏡のサイズによって、豪族の格付けをあらわしたと考えることができる。写真は倭鏡のなかでも大きい、40cm近いサイズの奈良県柳本大塚古墳の連弧紋鏡（左・解説 >>>P66）と、倭鏡として最小クラスとなる神奈川県白山古墳の4.4cmの櫛歯紋鏡（右・解説 >>>P98）。

〈連弧紋鏡：古墳時代前期 奈良県柳本大塚古墳 39.7cm／写真　宮内庁書陵部 Ⅳ-1〉

〈櫛歯紋鏡：古墳時代 白山古墳前方部粘土槨 4.4cm／慶應義塾大学文学部考古学研究室蔵 Ⅴ-26〉

　当時の文字には記録性と呪術性の二つの役割があったと推測される。文字の呪術性とは、それを刻むことでなんらかの霊力をもつということであり、仏教の梵字《ぼんじ》のような役割をイメージするとわかりやすいだろう。

　この古鏡に刻まれた文字は、製作者の名前や所有者の事績などではないことから、後者であり、鏡に呪術性をみていたことがわかる。同様に「火竟」の文字が刻まれた鏡は、宮崎県持田《もちだ》二十五号墳や京都府幡枝《はたえだ》古墳からも出土している。

鏡面に神仏を描いた日本の鏡

　古墳時代の終焉《しゅうえん》とともに、墓に鏡を大量に副葬することは廃《すた》れた。だが、だからといって、以後の鏡は単なる実用品になってしまったわけではない。

　奈良・平安時代になると、鏡は霊山や湖沼に奉納されるようになり、やがて鏡面に神仏が描かれるようになった。鏡を奉献する風習が、鏡を神仏とみなす考え方に発達したとも考えられる。このような心性の歴史の起源には、鏡に日の神をみた古墳時代の記憶があるのかもしれない。

　中国では日常の姿見であると同時に皇帝の象徴ともされた鏡は日本列島の社会では権威を示す威信財として機能した。そこから、鏡を神器としてあがめ、やがては鏡のなかに神を見出す、独特の鏡文化へと展開していったのである。

（新井 悟）

神様と鏡、天皇と鏡

古事記・日本書紀に登場する鏡

八世紀前半に成立した古事記《こじき》と日本書紀《にほんしょき》。そこにあらわれる鏡の記述からは、古代の社会や祭祀においての鏡の役割や象徴的な意味をうかがい知ることができる。

1　【古事記】天岩戸《あまのいわと》（天石屋《あめのいわや》戸《と》）

要約

（困った神々は相談をして）天安河《あめのやすのかわ》の河上にある天の堅石《かたしは》を取り、天の金山の鉄を取って、鍛冶師の天津麻羅《あまつまら》を探して、伊斯許理度《いしこりど》売命《めのみこと》に鏡を作らせ……（略）賢木《さかき》を根ごと掘り出して、上の枝に八《や》尺《さか》の勾玉《まがだま》のたくさんの玉の緒を懸け、中の枝には八《や》尺鏡《たのかがみ》を懸け、下の枝には白と青の布《ふ》帛《はく》をさげて、布《ふ》刀玉命《とだまのみこと》がこれを捧げ持ち、天児屋命《あまのこやねのみこと》が祝詞《のりと》を言祝《ことほ》ぎ……（略）天照大御《あまてらすおおみ》神《かみ》は、不思議に思い、石屋の戸を細めに開いて、内から、「吾が隠れているので、天の原は闇《くら》く、また葦原中国《あしはらのなかつくに》も皆闇いと思うものを、何のゆえにか、天宇受《あまのうず》売《め》は舞いあそび、また八《や》百万《およろず》の神も笑っているのであろうか」と仰せられた。そこで天宇受売命が、「あなたさまに益して貴き神様がおいでになりますので、みな喜び楽しくあそんでおります」と申しました。かく申す間に、天児屋命と布刀玉命が、かの鏡を差し出して、天照大御神に見せ奉ると、天照大御神は一層不審に思われて、そろそろと戸から出て様子をおうかがいになる時に、隠れて立っていた天手力男神《あめのたぢからおのかみ》がその御手を取って引き出し……（略）かくて天照大御神がお出ましになられた時、高天の原も葦原中国も、自然と照り明るくなった。

解説

須佐之《すさの》男命《おのみこと》の乱暴狼藉に怒った天照大御神が天石屋戸に隠れてしまう。困った神々は相談をして、なんとか天照大御神を天石屋戸から引き出そうとする――有名な天岩戸神話の場面だが、前段に鏡を作った人物についての言及がある。古代社会では、鏡を作る職人集団が特別な地位を占めていたことをうかがわせる。

2 【古事記】

天孫降臨《てんそんこうりん》

要約

ここに（天照大御神を岩屋から）招き出した八尺の勾玉、鏡、また草薙剣《くさなぎのつるぎ》、及び、思金神《おもいかねのかみ》、手力男神、天石門別神《あめのいわとわけのかみ》を添えて仰せになるには、「この鏡こそ、専ら我が御魂として、私の事を祭るようにお祭り申し上げよ。次に思金神は御魂《みたま》の御前での諸々のことを執り行って政《まつりごと》せよ」と仰せになられた。

解説

天照大御神は瓊瓊《にに》杵尊《ぎのみこと》に、玉、鏡、剣の三種の神器を授け、とくに鏡を重視して、私の身代わりとしてまつるようにと語る。

3 【日本書紀】

景行《けいこう》天皇の熊襲《くまそ》討伐

要約

熊襲が背いて貢ぎ物を奉らなかったため、天皇は筑紫へと行幸した。（略）ここに神夏磯《かむなつそ》媛《ひめ》という女人がいた。その手下は非常に多く、一国の首長であった。（神夏磯媛は）天皇の使者が来たと聞いて、磯《し》津山《つのやま》の賢木を抜き取り、上の枝に八握剣《やつかのつるぎ》を、中の枝に八咫鏡を、下の枝に八尺瓊《やさかのに》をかけ、また白旗を船の舳先に立てて帰順を申し出た。

解説

地方首長が天皇を迎えるにあたり、賢木に鏡や剣などの神宝をかけて迎える。自らの祭祀権を天皇に献上する服属儀式とみられる。5の仲哀天皇の熊襲征伐にも類似の記述がある。

記紀神話にはさまざまな地名が織り込まれており、伝承の地も多い。写真は八百万の神が集ったとされる、宮崎県高千穂町の天安河原。

4

【日本書紀】

日本武尊《やまとたけるのみこと》の東征（景行天皇）

要約

日本武尊は上総《かみつふさ》から陸奥国《みちのくのくに》に入られた。その時、大きな鏡を王船《みふね》に掲げて、海路より蝦夷《えみし》の支配地に入った。蝦夷の首領・嶋津《しまつ》神《かみ》と国津《くにつ》神《かみ》らははるかに王船を視て、その威勢を怖れ、勝てそうにないことを知って、弓矢を捨てて仰ぎ拝んだ。

5

【日本書紀】

仲哀《ちゅうあい》天皇の熊襲征伐

要約

（天皇が）筑紫に到着された。岡《おかの》県主《あがたぬし》の先祖の熊鰐《わに》が天皇の御幸を聞いて、五百枝《いおえ》の賢木を抜き取り、9尋の船の舳先に立てて、上枝に白銅《ますみの》鏡《かがみ》を、中枝に十握剣《とつかのつるぎ》を、下枝に八尺瓊をかけて、周芳《すわ》の沙の浦にお迎えした。（略）

また、筑紫の伊都県主《いとのあがたぬし》の先祖、五十《い》迹手《とて》が天皇の出でますのを聞き、五百枝の賢木を抜き取り、船の舳先に立て、上枝に八尺瓊を、中枝に白銅鏡を、下枝に十握剣をかけて、穴門の引嶋《ひこしま》にお迎えした。そして申し上げるには、「臣《やつかれ》がこの物を奉りますゆえは、天皇《すめらみこと》が八尺瓊の勾《まが》れるが如く、曲《た》妙《へ》に御宇《あめのしたしろしめ》せ〔天下を治められ〕、また白銅鏡の如く、あきらかに山川や海原をご覧になり、十握剣をひきさげて、天下を平定して頂きたいからでございます」と言った。

天皇と鏡の関係

天皇の位を象徴するものとして、「三種の神器」（八咫鏡・草薙剣・八尺瓊勾玉《まがだま》）がある。天皇の位を伝えるときには、それの璽《しるし》として用いられている。

記紀神話では、天岩戸の物語で鏡と玉が、八岐大蛇《やまたのおろち》の物語で剣がそれぞれ登場する。天孫降臨の物語では、天照大神が瓊瓊杵尊にこの三種の神器を授け、とくに鏡を重視して、私の身代わりとして祭るように語ったと記されている。

また、天皇の即位については、とくに鏡と剣はセットで扱われた。日本書紀の継体《けいたい》天皇元年二月の条、宣《せん》化《か》天皇の即位前紀、持統《じとう》天皇の四年正月の条には、いずれも鏡と剣を天皇の位の象徴とする記述がある。

三種の神器

八咫鏡

「大きな鏡」の意。平安時代の歴史書『古語拾遺』には、天照大神が瓊瓊杵尊に授けた鏡は伊勢神宮に祭られ、宮中には形代（模造品）を作ってとどめたという。宮中の賢所（かしこどころ）に祭られている。

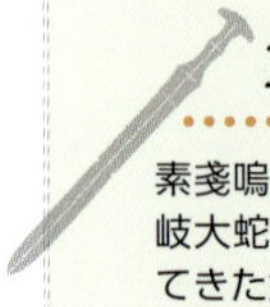

草薙剣

素戔嗚尊（すさのおのみこと）が八岐大蛇を退治した際、尾の中から出てきた剣。一名、天叢雲剣（あめのむらくものつるぎ）。日本武尊（やまとたけるのみこと）が東征に際して剣を賜るが、帰途病没したため、熱田神宮に祭られたという。『古語拾遺』によれば、これも宮中に形代（模造品）をとどめる。

八尺瓊勾玉

長い緒に通した勾玉。天岩戸から天照大神を導き出すため、鏡とともに賢木に懸けられた。

鏡は、なぜ天皇の位の象徴となったのか？

このような、鏡を天皇の位のシンボルとする考え方は、どのようにして生じたのであろうか？

モノとしての鏡はすでに弥生時代に到来しているが、鏡のもつ意味はそれぞれの時代に伝わってきた思想の影響を受けて、その都度、上書きされていった。

弥生時代には農耕文化とともに各地の祭祀のなかに鏡が採り入れられ、おそらく太陽と結びついた祭祀を行うことにつながったであろう。

古墳時代には、鏡を大小に作りわ

けている。鏡の大小を、霊力＝神に通じる力の大小としてあらわし、大きい鏡をもつ王は、神と通じる力をもつ偉大な王として評価されたのであろう。

やがて、七世紀になると唐《とう》から律《りつ》令制《りょうせい》とともに道教《どうきょう》※1の思想が伝わってきた。道教は、中国古代の漢民族の宗教思想であるが、唐代において、律令制は道教の宗教思想と一体のものとして扱われていた。

律令国家の形成と道教思想

「三種の神器」のひとつに鏡が採用されたのは、この道教思想の影響が大きいと、中国哲学史の研究者・福《ふく》永光司《ながみつじ》（一九一八～二〇〇一）はみる。道教は、宇宙全体を天上の神仙世界・人間世界・死者の世界と三分し、とりわけ鏡と剣を神仙世界の最高支配者（道教ではこれを天皇《てんこう》※2もしくは天皇大帝《てんこうたいてい》と呼ぶ）のシンボルとみなしている。唐代の道教では、地上の帝王の権威権力の神聖性も鏡と剣によって象徴されるとされた。

日本の古代の大王《おおきみ》がみずからを呼ぶ言葉として、中国の道教思想の「天皇」という言葉を用いていることからもわかるように、律令国家を形成していく過程で、制度や儀式のなかに道教的なものが少なからず取り込まれている。

たとえば、道教では真理を体得した最高位の人間を「真人《しんじん》」と呼んでいるが、天武《てんむ》天皇（？～六八六）が制定した「八色《やくさ》の姓《かばね》」にも最上位に真人《まひと》が置かれ、これは皇族に与えら

「八色の姓」の真人

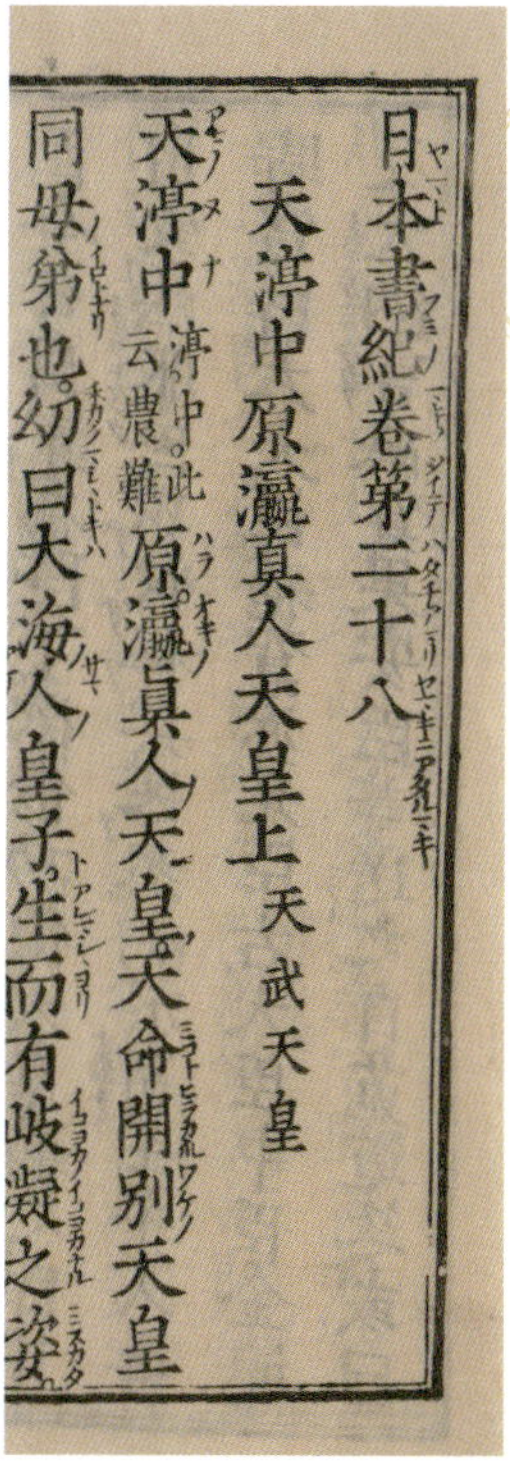
日本書紀巻第二十八
天渟中原瀛真人天皇上　天武天皇
天渟中原瀛真人天皇天命開別天皇
同母弟也幼曰大海人皇子生而有岐嶷之姿

国立国会図書館蔵

天武天皇は「八色の姓」の最上位に真人という姓を置き、死後は天渟中原瀛真人（あまのぬなはらおきのまひと）と諡（おくりな）された。図版は『日本書紀』巻28より。真人は道教の神学用語であり、宗教として道教を採用しなかった日本でも、道教的なものを取り込んでいたことがわかる。

用語集

道教　※1>>>P33

中国古代の宗教思想。不老長生をめざして仙人・神人になろうとする神仙思想に、道家思想や仏教を取り入れて形成されたもの。唐代には王室と結びついて栄えた。

天皇　※2>>>P33

古代中国で天体観測の基準となる北極星を神格化したもの。宇宙の最高神。天皇大帝とも呼ばれれる。

道教の影響を受けた祝詞

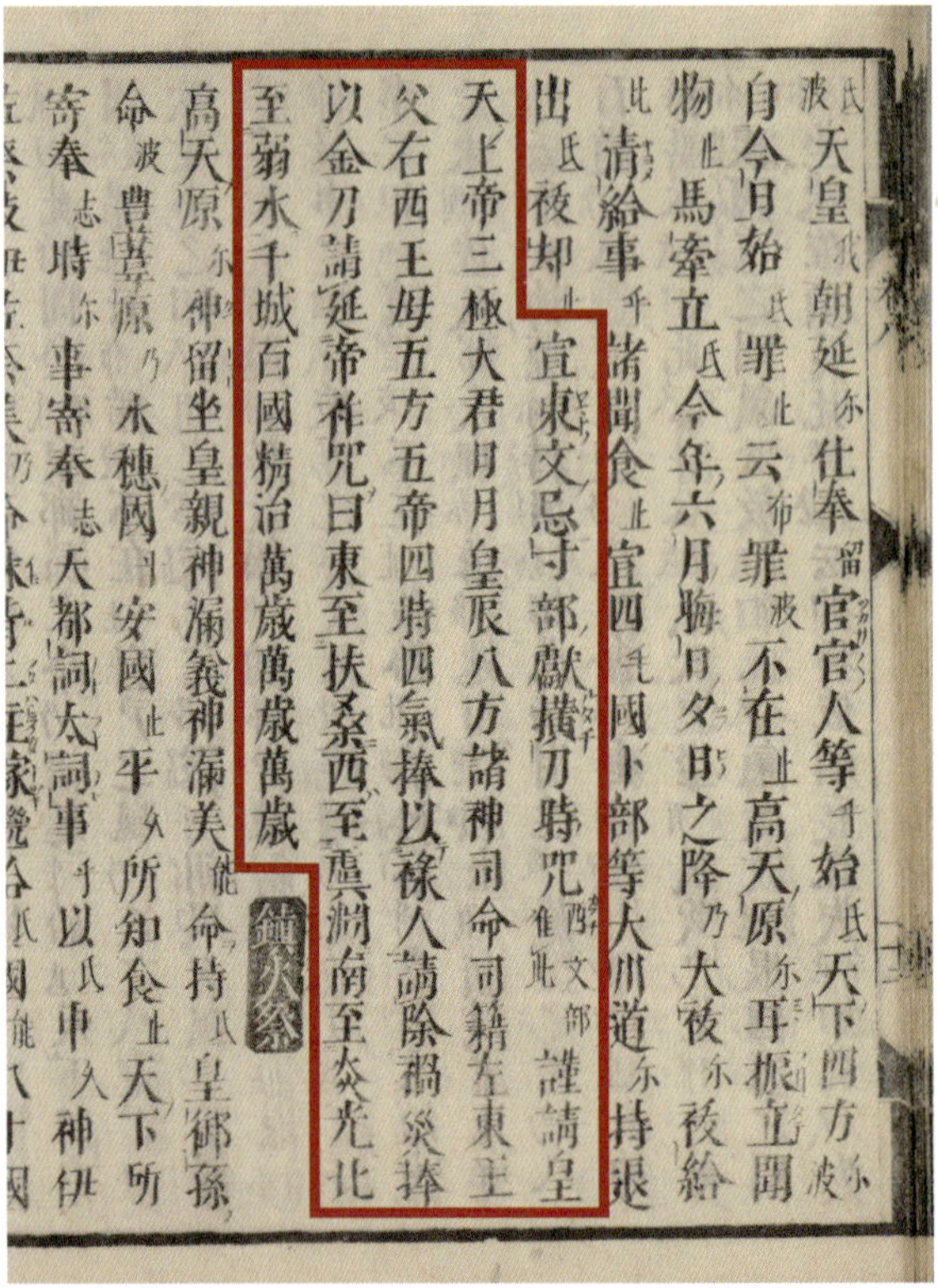

波天皇我朝廷尓仕奉留官官人等乎始氏天下四方波
自今日始氏罪止云布罪波不在止高天原尓耳振立聞
物止馬牽立氏今年六月晦日夕日之降乃大祓尓祓給
比清給事乎諸聞食止宣四国卜部等大川道尓持退
出氏祓却止宣
東文忌寸部獻横刀時咒 西文部准此 謹請皇
天上帝三極大君日月星辰八方諸神司命司籍左東王
父右西王母五方五帝四時四氣捧以祿人請除禍災捧
以金刀請延帝祚咒曰東至扶桑西至虞淵南至炎光北
至弱水千城百國精治萬歳萬歳萬歳
鎮火祭
高天原尓神留坐皇親神漏義神漏美能命持氏皇御孫
命波豊葦原乃水穂國乎安國止平久所知食止天下所
寄奉志時尓事寄奉志天都詞太詞事乎以氏申久神伊

国立国会図書館蔵

平安時代に成立した『延喜式』に収められた東西の文部の道教的祝詞。皇天上帝（天上を支配する神）以下の神々に、天皇の位をのばすことを願うもので、東王父、西王母など道教で祭られた神仙の名が見える。

れる姓となっている。また、宮中で大祓《おおはらえ》の儀式では東西《やまとかわち》の文部《ふみべ》が道教の呪文を祝詞として唱え、元旦の皇室祭祀「四方拝《しほうはい》」も、かつては天皇が北向し、北斗七星のなかの属星《しょくじょう》（生年によって決まる、その人の運命を支配する星）を拝するという道教的色彩が強いものであった。

上書きされた鏡の意味

このように律令国家として諸制度を整えていく過程で、道教思想などの中国思想の強い影響を受け、弥生・古墳時代に祭祀の道具、霊力の証しとして用いられてきた鏡に、新たに王権（天皇の位）のシンボルとしての意味が上書きされたのであろう。鏡と剣、さらに玉が加わり、おそらく天武・持統朝の頃までには、「三種の神器」として完成したものと思われる。

（新井 悟）

第2章

変化する中国鏡

漢の時代とその鏡

毎日の身だしなみは？

秦の始皇帝の兵馬俑（へいばよう）を見ると、官人たちはさまざまな形の冠や髪形をしていたことがわかる。前漢末で役人の数は約12万人。彼らが毎日の身だしなみを整えるために、鏡は欠かせないものになっていたに違いない。

前二二一年に秦《しん》の始皇帝《しこうてい》※1が天下を統一し、各国に分かれていた戦国時代が終わる。秦帝国はわずか一五年で滅んだが、その後の漢の時代の経済的、文化的繁栄の礎を築く重要な役割を果たした。

漢の時代は、王莽《おうもう》※2の反乱を挟んで前後四四〇年の長きにわたる。前漢の武帝以降、儒学が国家イデオロギーとして社会や国家の維持のために用いられたが、一方で道教的な思想も普及した。道教は神仙を敬い個人の長寿を願う考えであり、とくに前漢末の混乱期や後漢後半期などの、儒教的な秩序だけでは社会を保つことができない混乱した時期には、民衆の支えとして広まる傾向があった。

金属鏡はその出現以来ごく限られた数しか作られていなかったが、戦国時代～秦漢時代には、役人など髪形や衣冠の身だしなみを整える必要がある人びとに、広く普及した。生活用品として広まったが、一方で、邪悪なものから身を守ったり、仙薬を調合する際に使用されたりといった、神秘的な効能もあると考えられていた。

鏡の紋様には当時流行した思想や詩などが描かれている。龍や鳳凰《ほうおう》など想像上の生き物や神様の姿、また仙人の世界などの絵柄がある。そして銘文には、鏡を所有しようとする人びとの入手意欲をかき立てるため、美しい詩であったり、神様の世界の描写であったり、不老不死や立身出世の願いが込められた文章などが刻まれた。

鏡に登場する主な神仙

漢の時代、神仙思想の流行を受けて、鏡にもさまざまな神仙の姿が描かれるようになった。やがて、浮彫などの技法によって、より細かく、より立体的に描かれ、鏡の紋様は神秘性と芸術性を高めていった。

西王母《せいおうぼ》

西の崑崙（こんろん）山に棲む、不老不死の薬をもつ神仙。戦国時代（前5～3世紀）成立の『山海経（せんがいきょう）』には半人半獣とされているが、その姿はのちに美化して描かれた。不老長寿を求めた漢の皇帝たちに信仰された。

東王父《とうおうふ》（東王公《とうおうこう》）

西王母と対になった神仙で、東海の蓬萊山に棲む。西王母は当初、両性具有とされていたが、やがて東王父とペアであらわされ、女性神と男性神の陰陽二神と考えられるようになる。

伯牙《はくが》

神仙となった琴の名手。伯牙が琴を奏でることで、西王母と東王父の陰と陽のエネルギーが調和して循環するとされた。

黄帝《こうてい》

中国では、神話上に三皇五帝と称される8人の帝王がいた。その三皇の治世を継ぎ、五帝の最初の帝となった人物。後の漢民族は、黄帝の子孫を称した。

〈西王母・東王父（神人龍虎画像鏡 後漢／和気満堂蔵 Ⅱ-79）、伯牙・黄帝（同向式神獣鏡 呉／和気満堂蔵 Ⅲ-13）〉

生産の増加で、紋様がシンプルに

秦が倒されて再度起きた争いのなかで、劉邦が勝利し、前二〇二年に漢帝国が開かれた。武帝の時には、シルクロードや朝鮮半島など周辺地域に侵攻して東西南北に領土を広げ、最も栄えた。

前漢の初め頃には、鏡は戦国各国の地域性が顕著で、二重の紋様をもつ蟠螭紋鏡《ばんちもんきょう》など、複雑で緻密《ちみつ》な紋様の形式が多かった。生産量が増加す

用語集

始皇帝　※1>>>P36

前259～前210年（在位247～前210年）。秦を強国化して諸国を破り、中国史上初の統一帝国を樹立。「皇帝」の号もこの時に創立された。

王莽　※2>>>P36

前45～後23年（在位8～23年）。前漢皇帝の外戚として実権を握り、「新」を建国。王莽が讖緯説を利用して神秘的な権威を高め、政権を掌握したことに、当時の思想潮流をみることができる。

鏡の紋様の変化

前漢では、吉兆を言祝ぐ詩などの銘文を主題とした鏡が広く普及した。後漢になると、瑞獣や神像などをいきいきと描いた鏡へと、紋様が大きく変わっていった。右は前漢の連弧紋銘帯鏡。左は後漢の方格規矩四神鏡。

連弧紋銘帯鏡

〈前漢 17.1cm／和気満堂蔵 Ⅱ-5〉

方格規矩四神鏡

〈後漢 16.5cm／和気満堂蔵 Ⅱ-59〉

るに従って、紋様は次第にシンプルになり、光や雲気を表す記号的な紋様を用いるようになっていった。

前漢中頃に作られた連弧《れんこ》紋銘帯《もんめいたい》鏡《きょう》は、銘文の文字そのものを主紋様とした簡素な鏡で小型品も多い。また、周辺地域も含めた広い範囲で多量に出土しており、漢帝国の影響範囲を示している。

神秘性と芸術性を増していく鏡

後八年、王莽が政権を簒奪《さんだつ》し、国号を新とした。王莽は讖緯という予言書を政治利用し、天意により皇帝位を禅譲《ぜんじょう》されたかのように演出した。王莽の時期に製作された方格規矩鏡に「王氏鏡を作れば四夷服し、多いに新《しん》家を賀《いわ》えば人民息《やす》まん。胡《こ》虜殄滅《りょてんめつ》すれば天下復《ふく》し、風雨の時節、五穀熟さん。（以下略）」と銘文がある。王莽政権の徳が広く及ぶとした吉祥《きっしょう》句である。しかし、理想主義的で急進的な変革を行った新は長くは保たず、後二五年、劉秀（光武帝）によって漢王朝が再興される。

この時期、鏡の紋様は大きく変化する。それまでの記号や文字を主題としたものの他に、具象的な動物や神獣像をいきいきと描いた鏡が現れ、神秘性と芸術性を増していく。とくに当時の宇宙観に従って青龍・白虎・朱雀・玄武の四神をはじめとする瑞獣を配置した方格規矩鏡は、この時代の代表的な鏡である。

多彩で鮮やかな鏡の登場

後漢、とくにその後半期は水害、旱魃《かんばつ》、地震、疫病など災害が多く、さらに政治上の不安、異民族の侵入などが重なり、民衆の不安は高まっ

四神——天の四方を守護する神々

古代中国において、天の四方の方角をつかさどる神として四神が信仰された。天の星座を28宿（宿は星座の意）に分けた中国の古代天文学に由来し、思想としては戦国時代頃には成立したと思われる。五行説（万物は木・火・土・金・水の５種類からなるとする哲学思想）により、５色が中央と四方に割り当てられ、それぞれシンボルカラーをもつ。ただし、出現期の四神の図像は不安定で、配される方位や神像が異なるものもある。

玄武
亀と蛇の合体した姿であらわされ、北方を守る。五行では水の神で、黒をシンボルカラーとする。

白虎
虎であらわされ、西方を守る。五行では金、色は白。

青龍
龍にかたどられる。蒼龍とも称される。東方を守り、五行では木、色は青。

朱雀
鳳凰などの鳥の姿であらわされ、南方を守る。五行では火、色は赤。

〈玄武：方格規矩四神鏡 後漢 16.5cm／和気満堂蔵 Ⅱ-59〉
〈朱雀：同上〉
〈白虎：方格規矩四神鏡 前漢 12.9cm／和気満堂蔵 Ⅱ-28〉
〈青龍：同上〉

た。そのため道教的思想が広まり、その宗教組織が反乱の元ともなった。

鏡に表される題材はさらに豊富になった。銘文には紀年、地名、製作者名が多く入るようになる。また立体的な浮彫《うきぼり》が多く採用され、神仙の世界がより鮮やかに表現されるようになった。官営工房以外に個人作家の工房が増加し、より多くの紋様ヴァリエーションをもつようになった。

とくに多彩な神獣鏡は後漢の中頃に出現し、その後長らく流行した。神仙思想をテーマとして、さまざまな神仙像と瑞獣を配置している。

新興宗教組織による反乱や、宦官《かんがん》と外戚《がいせき》による利権争いから腐敗した政権の取り合いが起き、混乱と不安のなか、漢は四〇〇年余り続いたその帝位を魏に譲り、終焉を迎える。

（岸本泰緒子）

詩の銘文そのものが紋様に

連弧紋銘帯鏡《れんこもんめいたいきょう》

〈前漢 17.1cm／和気満堂蔵 Ⅱ-5〉

前漢中頃から流行した鏡。デザイン化した銘文そのものが主な紋様となり、連弧紋のかわりにもう一重、銘帯をめぐらせるものもある。銘文の内容は『楚辞（そじ）※1』の影響を受けた詩である。鈕座は連珠紋座、円座、四葉座へと変化していく。この鏡は鈕座が連珠紋座でその外側に連弧紋を配し、最外周に銘帯を置いている。銘文の後半を省略した小型のものも含めると、その数は非常に多い。漢帝国の版図およびその周辺地域にも拡散し、弥生時代の日本の甕棺墓（かめかんぼ）などでも出土している。
銘文中に居摂元年（後6年）という紀年銘をもつ鏡があり、この鏡式の製作年代の一点をあらわすとともに、連弧紋の紋様が後漢の連弧紋鏡へと受け継がれていくことを示している。

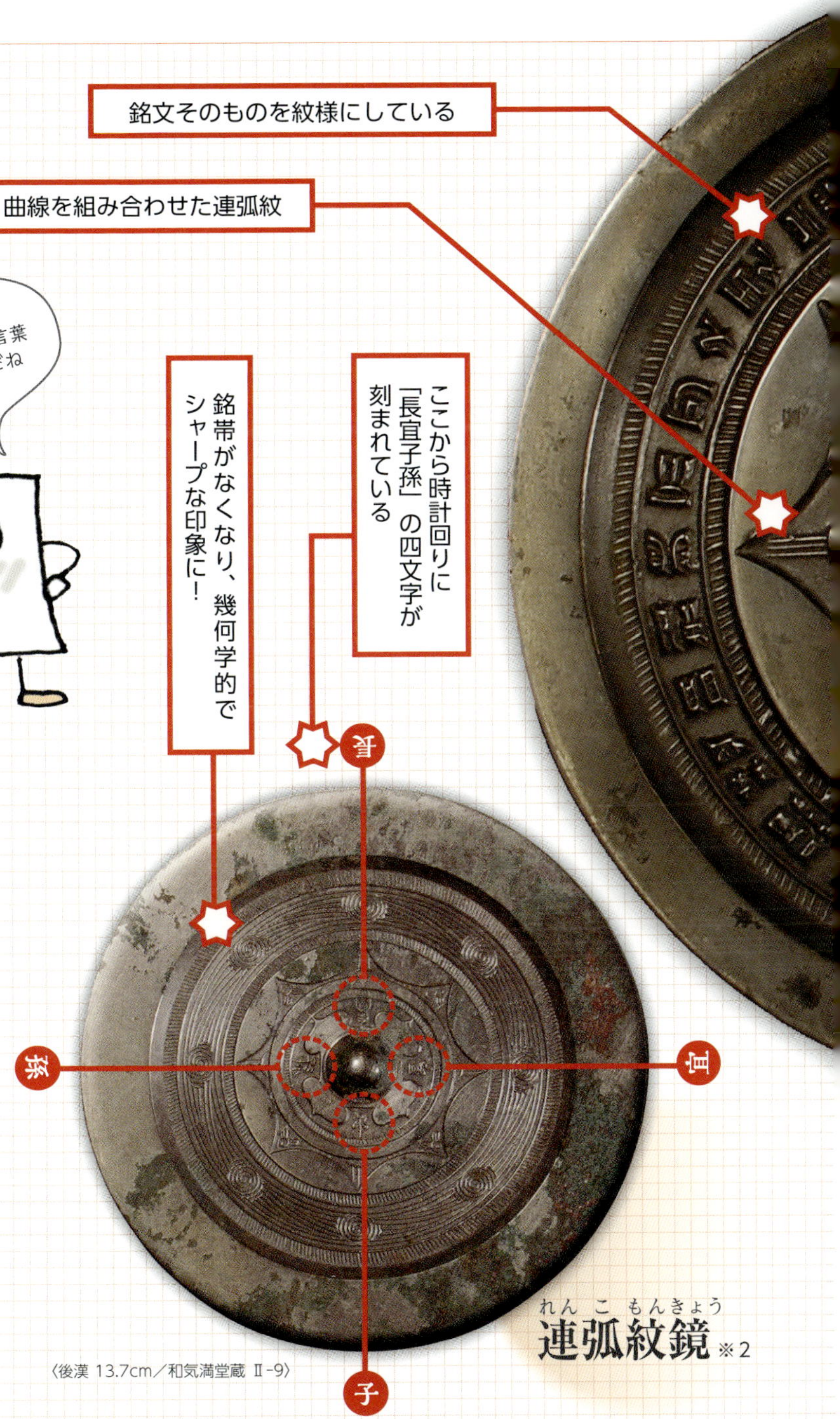
銘文そのものを紋様にしている
曲線を組み合わせた連弧紋
ここから時計回りに「長宜子孫」の四文字が刻まれている
銘帯がなくなり、幾何学的でシャープな印象に！
長
宜
子
孫

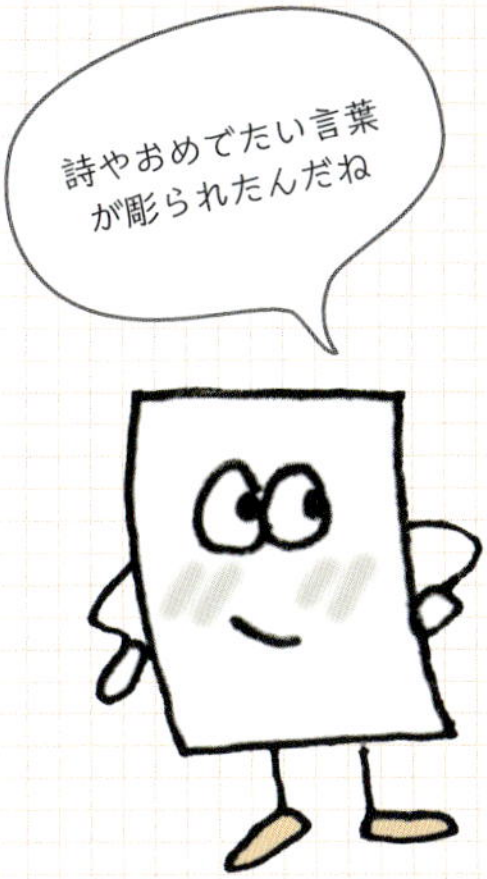
詩やおめでたい言葉が彫られたんだね

連弧紋鏡《れんこもんきょう》※2

〈後漢 13.7cm／和気満堂蔵 Ⅱ-9〉

前漢の連弧紋銘帯鏡の銘帯が斜角線紋帯に置き換わったもので、幾何学的な紋様で構成される。数多く作られた。この鏡の鈕座は四葉紋座で「長宜子孫（長く子孫に宜し）」の銘が入る。鈕座は四葉紋座からやがて蝙蝠座となり、小型のものはシンプルな円座となる。

※1『楚辞』：戦国から前漢にかけて成立した詩集。戦国時代楚の地方で謡われた様式。
※2 連弧紋鏡は、以前は内行花紋鏡とも呼ばれた。

うねる紋様から顔を出す瑞獣

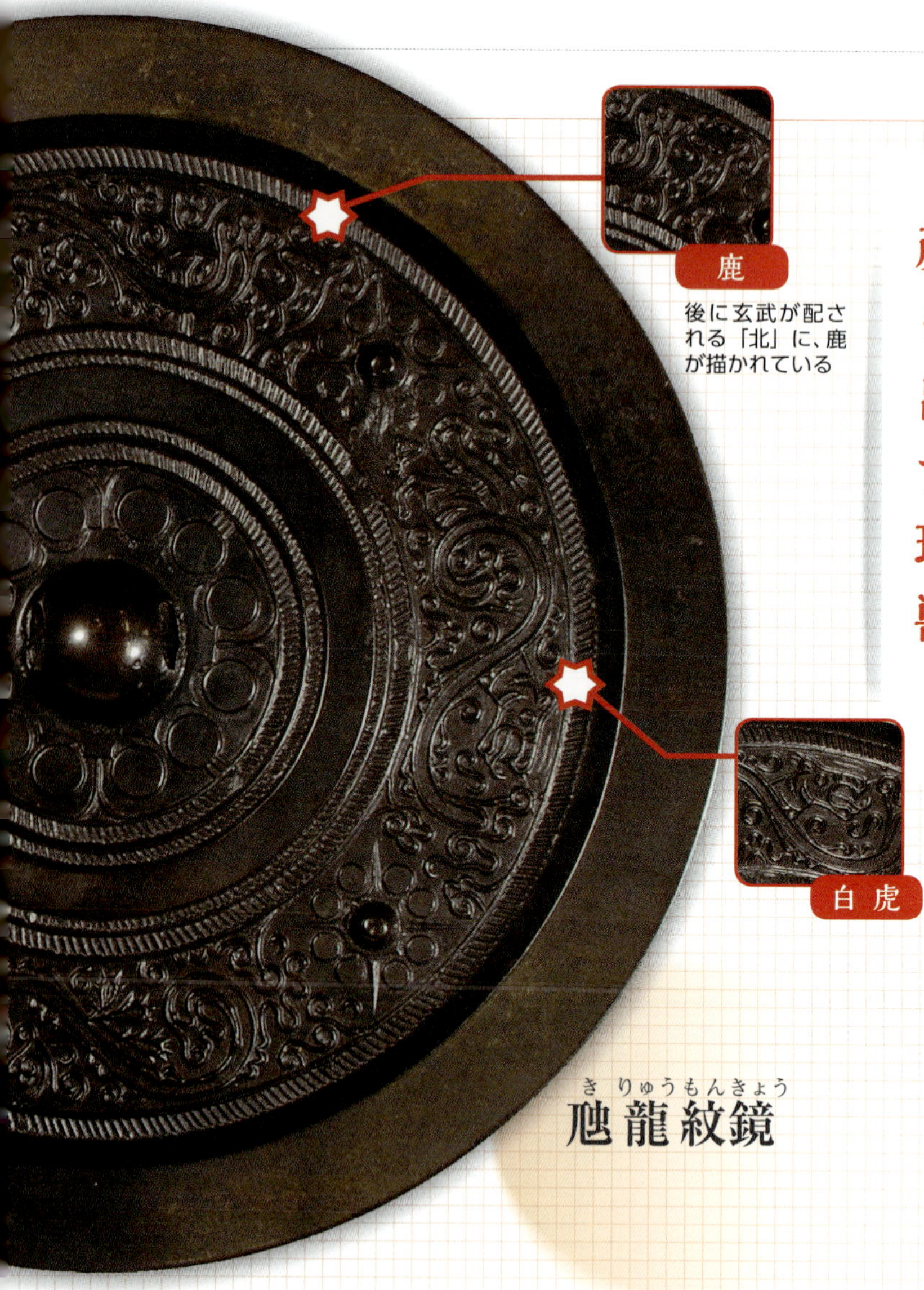
鹿
後に玄武が配される「北」に、鹿が描かれている
白虎

虺《き》龍《りゅう》紋《もん》鏡《きょう》

〈前漢 18.3cm／和気満堂蔵 Ⅱ-11〉

前漢後期にあらわれた、四単位の逆S字形紋様を主紋とした鏡。逆S字形紋様は、雲気を表したものとも、簡略化した龍紋であるともいわれる。鈕座は連珠紋から四葉紋へと変化する。主紋帯は、乳と呼ばれる丸い突起で四区画に区切られている。この鏡は主紋が複雑なもので、雲気の間から青龍、白虎、朱雀、鹿が顔をのぞかせている。四神のうち玄武以外が揃っているわけだが、この時期はまだ図像としての四神が安定していない。四神の図像のうち玄武像の登場が最も遅く、それまでは玄武の代わりに鳥や鹿、蛇など別の瑞獣が表される。青龍と白虎の位置もしばしば入れ替わる。隙間には渦巻状の雲気が充填されている。次第に四神は省略され、逆S字形紋様のみが表されるようになっていく。

逆S字形の紋様が印象的

青龍

朱雀

四神って、
最初からメンバーが
決まっていたわけじゃ
ないんだ

虺龍紋鏡《きりゅうもんきょう》

〈前漢 18.1cm／和気満堂蔵 Ⅱ-13〉

虺龍紋鏡の典型的なタイプ。逆S字形紋様の間に、さまざまな瑞獣が描き込まれている。

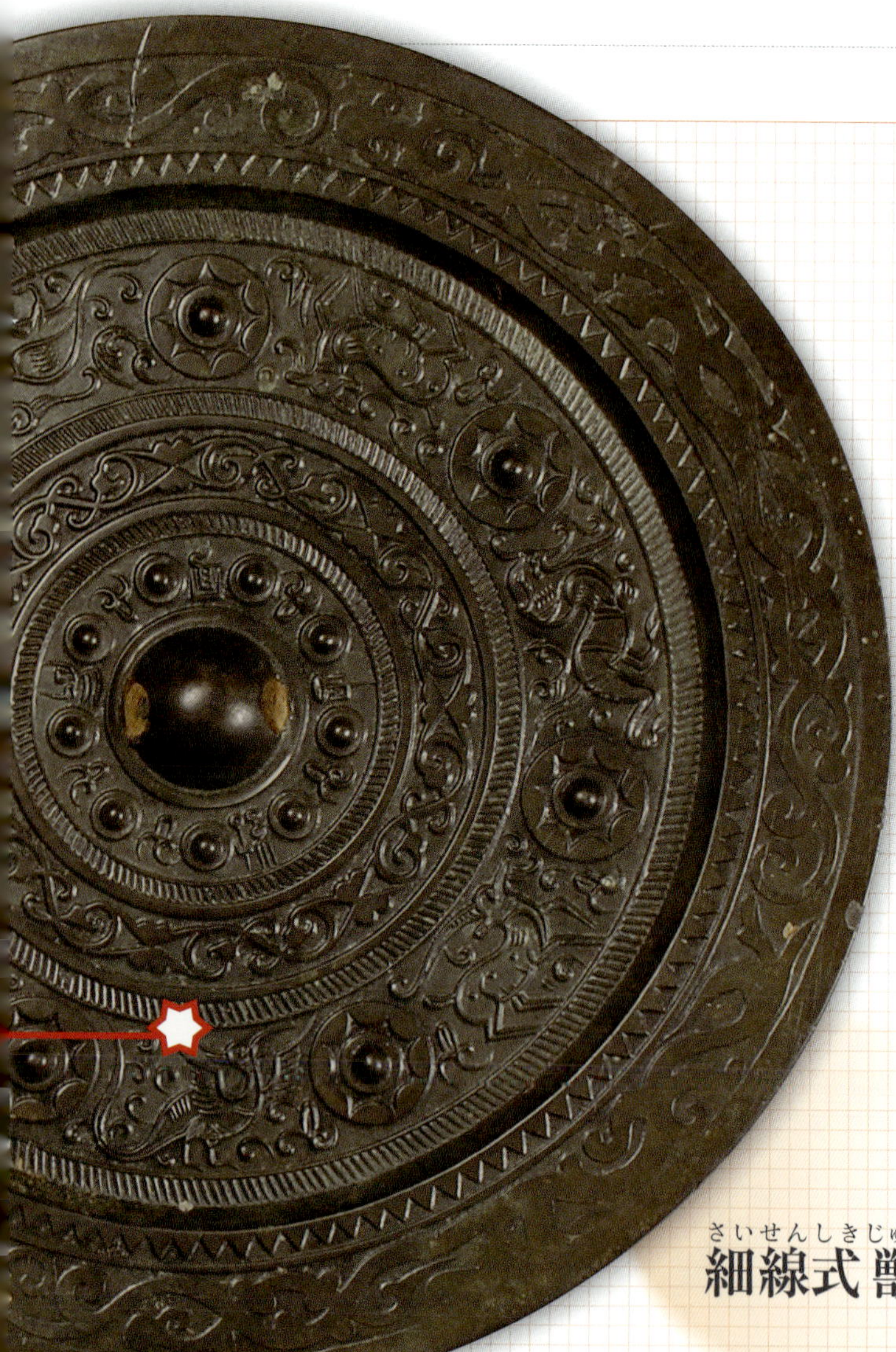

四神や瑞獣が取り巻く獣帯鏡

細線式《さいせんしき》獣帯鏡《じゅうたいきょう》

〈後漢 16.5cm／和気満堂蔵 Ⅱ-19〉

前漢末〜後漢の頃あらわれる、四神や瑞獣を主紋とした鏡。像を線彫りのみで表した細線式と、像の内側を立体的に盛り上がらせた浮彫式があり、浮彫式の方が後出である。主紋様帯の像の数は4〜8体までみられるが、典型的なのは、7つの乳で区切られその間に7体の獣像が配置されるものである。銘文に「七子九孫」とあるものがあり、子孫繁栄の意味だが、主紋様帯の7つの乳と鈕座の9つの乳がそれを表しているともされる。7像の場合は正確に四方を示すことができないが、朱雀の位置を南側としてみた場合、東西の方向に青龍と白虎、北の方向に玄武あるいはそれに代替する瑞獣が置かれている。細線式獣帯鏡の主紋様帯も方格規矩鏡と同様に、天（宇宙）の配置を示していると考えられる。

ぐるりと囲むように7体の獣像が配置されている
南を守護する朱雀が描かれているので、こちらが「南」

四神の登場

虺龍紋鏡、細線式獣帯鏡、方格規矩鏡には四神の図像が表される。四神は、それぞれの方角を司る神。玄武（黒）が北、朱雀（赤）が南、青龍（青）が東、白虎（白）が西の方角とされるが、四神像の出現当初は神像と方角の関連性が不安定である。

青龍と白虎の位置が逆であったり、玄武像がただの蛇であったり、あるいは他の瑞獣に置き換わっていたりするが、次第に位置と像の種類が固定されていく。

宇宙のそれぞれの方角を守護しているんだよ
動物の像がいっぱい！

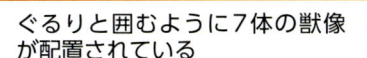

宇宙の姿をあらわした鏡

青龍（東）

方《ほう》格《かく》規《き》矩《く》四《し》神《しん》鏡《きょう》

四神像の担当する
方角がだんだん
決まって
きたんだね

羽人は、
羽をもつ
仙人なんだ

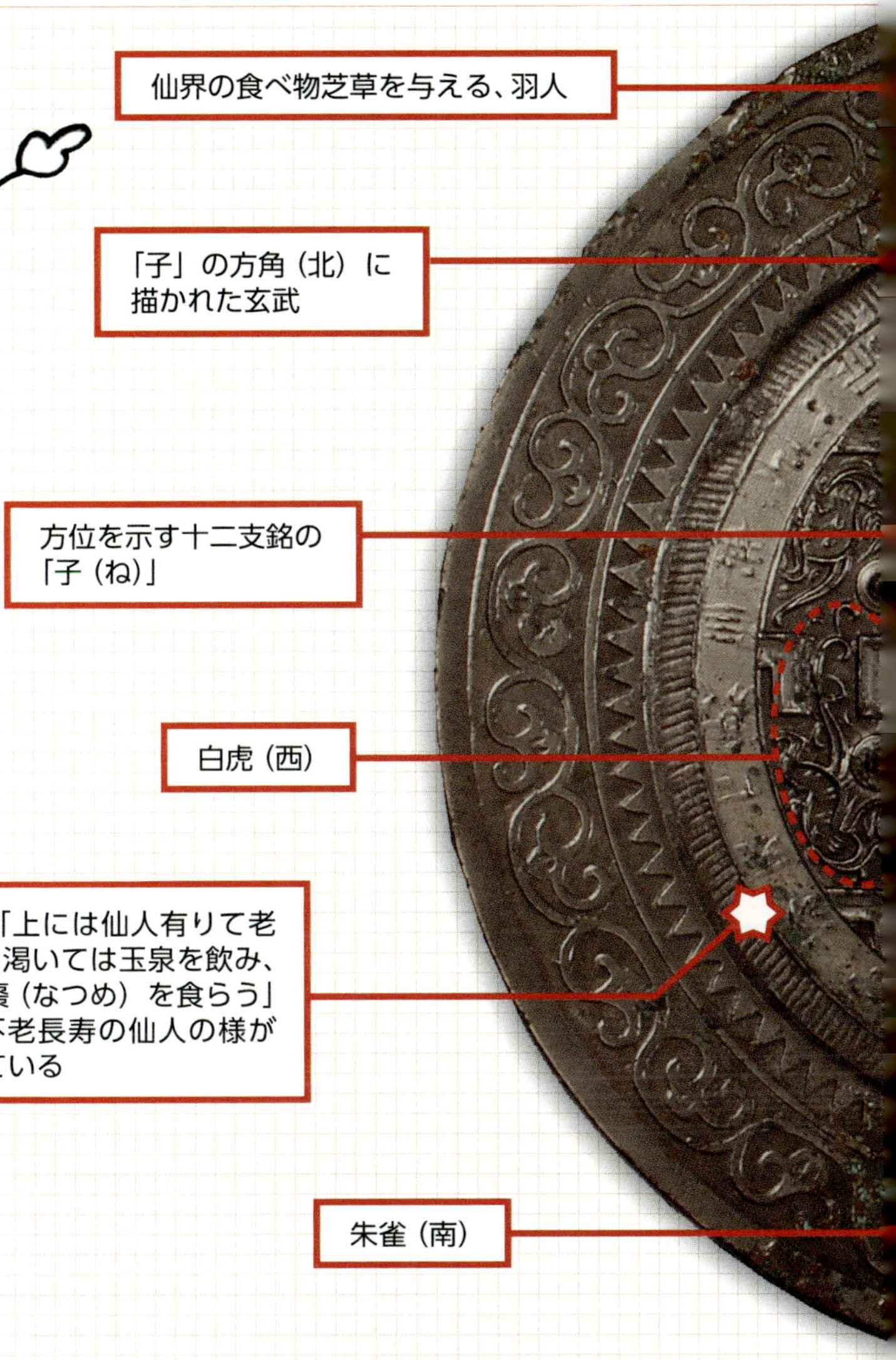
仙界の食べ物芝草を与える、羽人
「子」の方角（北）に描かれた玄武
方位を示す十二支銘の「子（ね）」
白虎（西）
銘文には「上には仙人有りて老を知らず。渇いては玉泉を飲み、飢えては棗（なつめ）を食らう」とあり、不老長寿の仙人の様がうたわれている
朱雀（南）

〈後漢 16.5cm／和気満堂蔵 Ⅱ-59〉

鏡背紋様は、天円地方の宇宙観を表現している。内区外周の圏線が天の円を示し、中央の方格が地の方を表す。アルファベットのT・L・Vに似た図形が飛び出しているが、これは天と地を繋ぐ綱をかける鉤（かぎ）を表現しているとも考えられている。方格にも方位を示す十二支銘が入れられ、整然とした宇宙の姿があらわされている。その整った宇宙こそが理想とされ、そこで陰陽が順調にめぐることで作物が豊かに実り、長寿を保ち、子孫が繁栄し、国家的な安泰が得られると考えられたのであろう。
この鏡式は前漢代にあらわれ、連弧紋鏡とならんで後漢の代表的な鏡式となっていく。

躍動する四神像！

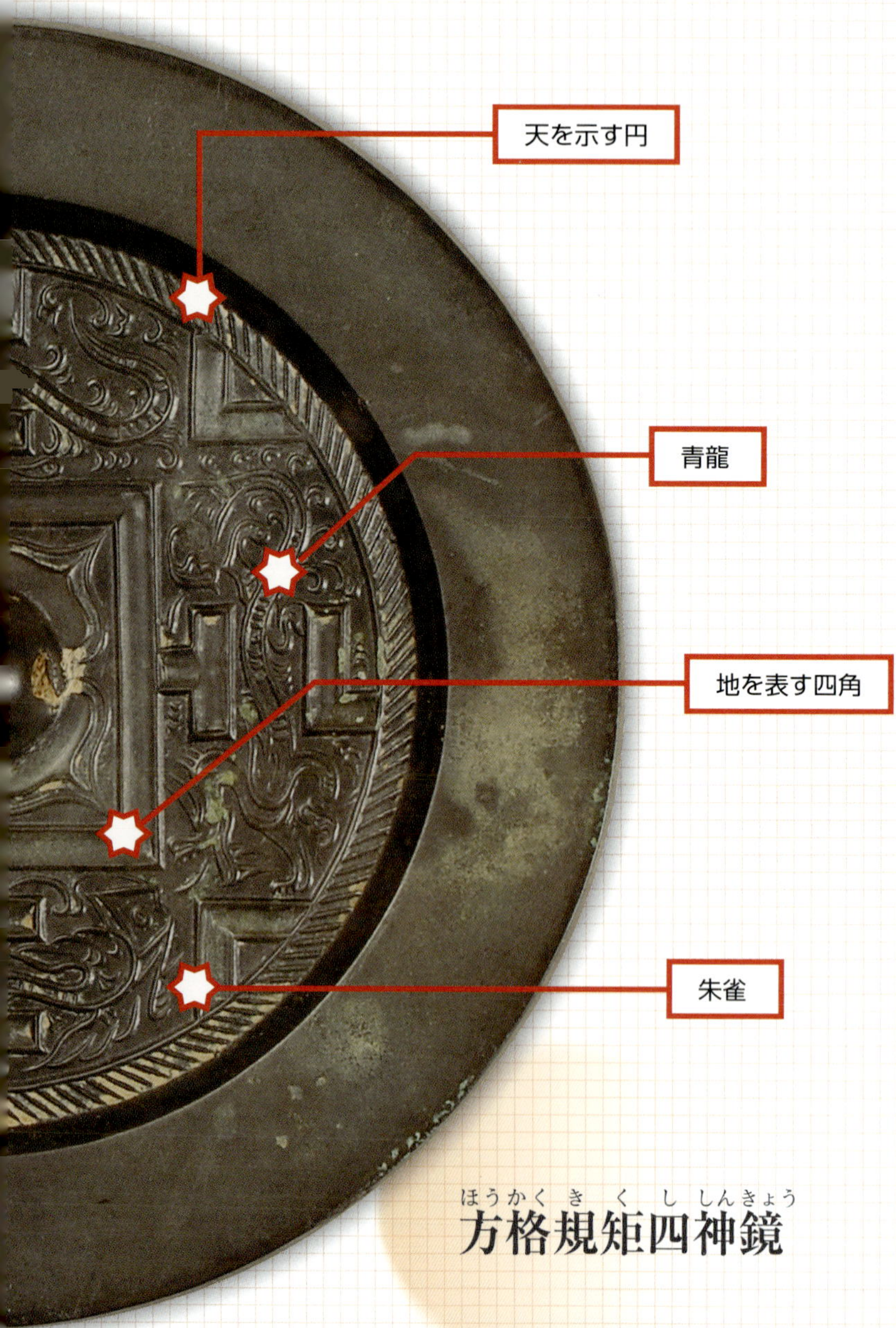

方格規矩四神鏡《ほうかくきくししんきょう》

8像のものがほとんどで4像のものは少ないが、この鏡は各辺に一体ずつ大きく伸びやかに四神が描かれている。

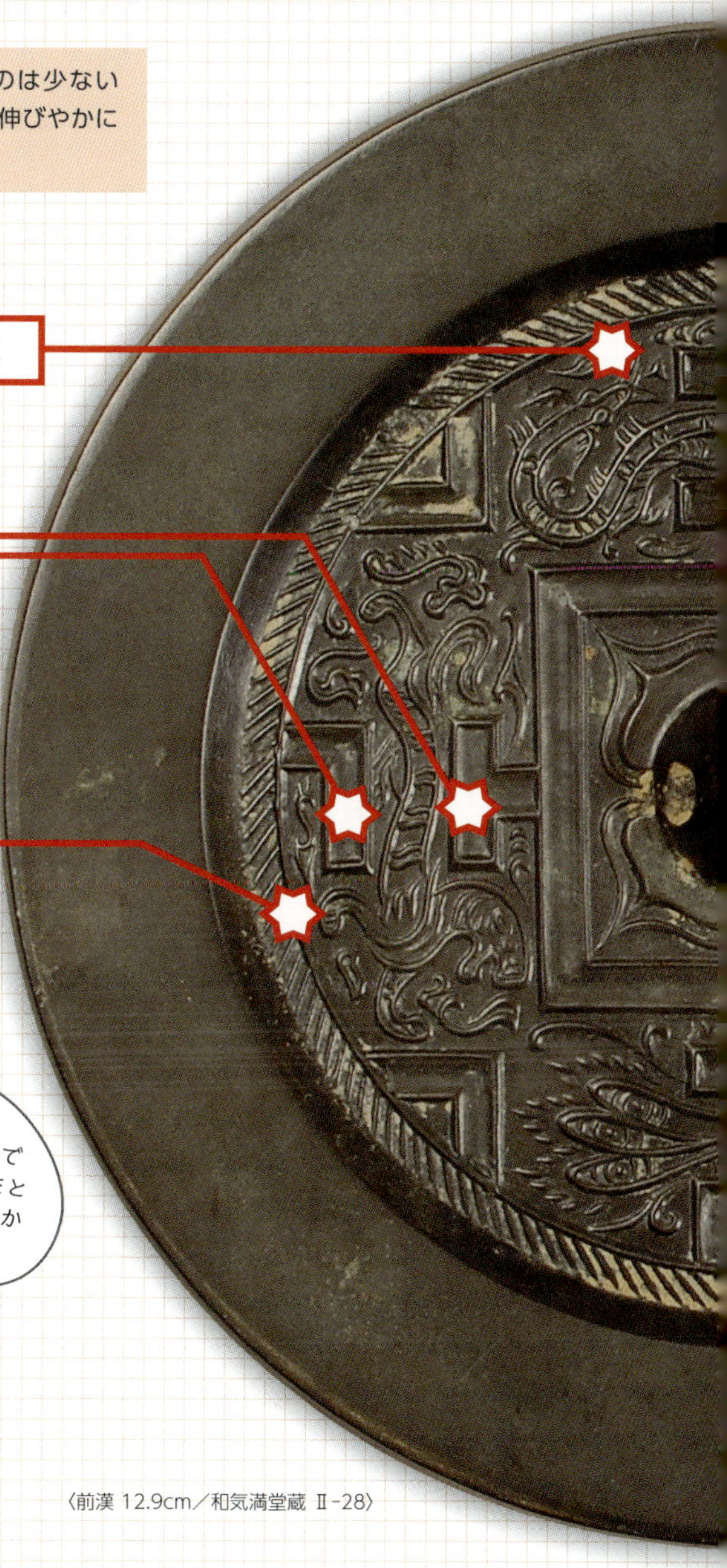
玄武
天と地を繋ぐ綱をかける鈎
白虎

天と地は綱で繋がっていたと考えていたのか

〈前漢 12.9cm／和気満堂蔵 Ⅱ-28〉

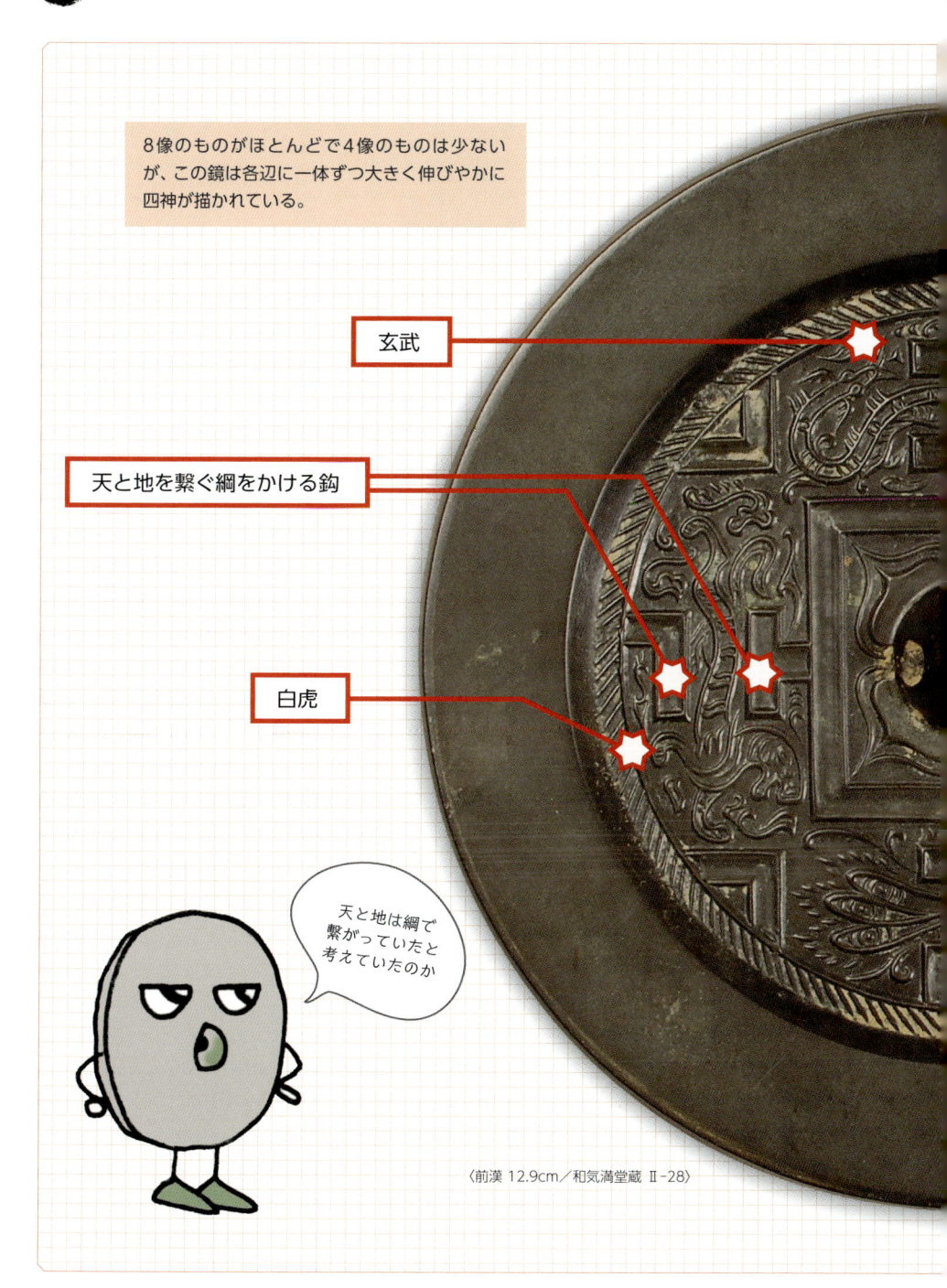

神仙の姿を浮彫で描く

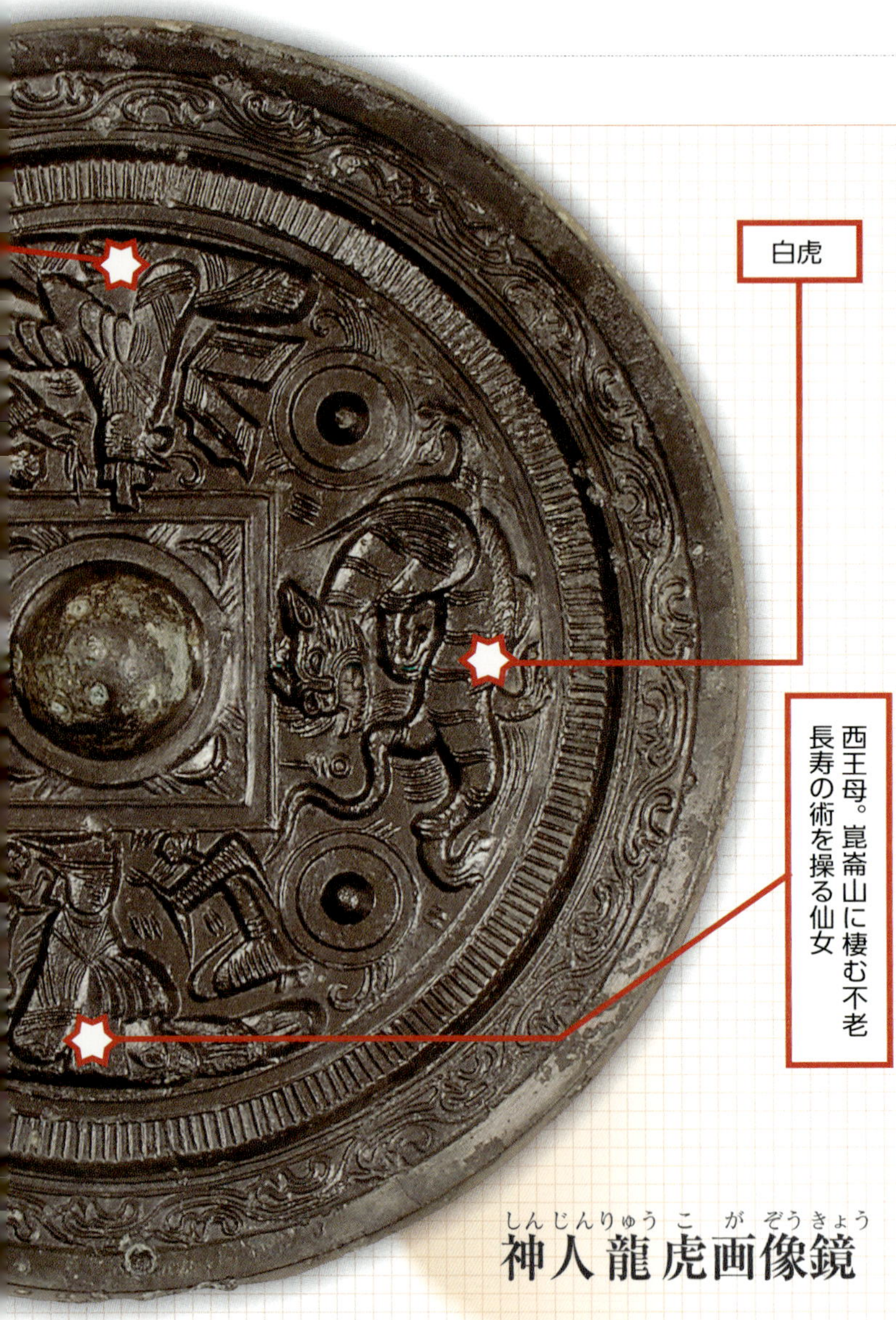
白虎
西王母。崑崙山に棲む不老長寿の術を操る仙女

神人龍《しんじんりゅう》虎《こ》画《が》像鏡《ぞうきょう》

〈後漢 18.9cm／和気満堂蔵 Ⅱ-79〉

紋様の表現方法が、漢墓の墓室の壁を飾る画像石に似ていることから画像鏡と呼ばれる。丸みを帯びた立体的な浮彫である神獣鏡とは異なり、表面が平らな浮彫の方法が特徴である。表される図柄は龍虎やその他の禽獣、東王父、西王母などの神人や故事の一場面などさまざま。

銘文や外区の紋様などから見ると、方格規矩鏡に近いものと神獣鏡に近いものがあり、方格規矩鏡に近いものが古手である。方格規矩鏡と共通する流雲紋縁で後漢の建初八年（後83年）銘をもつ鏡があり、この頃には古手の画像鏡が出現していたことを示す。

この鏡の画面下には西王母とそれに仕える人、上には東王父、左右に龍虎が描かれている。

東王父（東王公とも）。
西王母に対置される男仙
青龍

馬車。神仙の乗り物との説がある
東王父
西王母

神《しん》人《じん》車《しゃ》馬《ば》画《が》像《ぞう》鏡《きょう》

〈後漢 22.3cm／和気満堂蔵 Ⅱ-83〉

西王母と東王父の両脇には、楽器を演奏する人、曲芸や踊りを披露する人がいる。左右には多頭立ての馬車が描かれている。

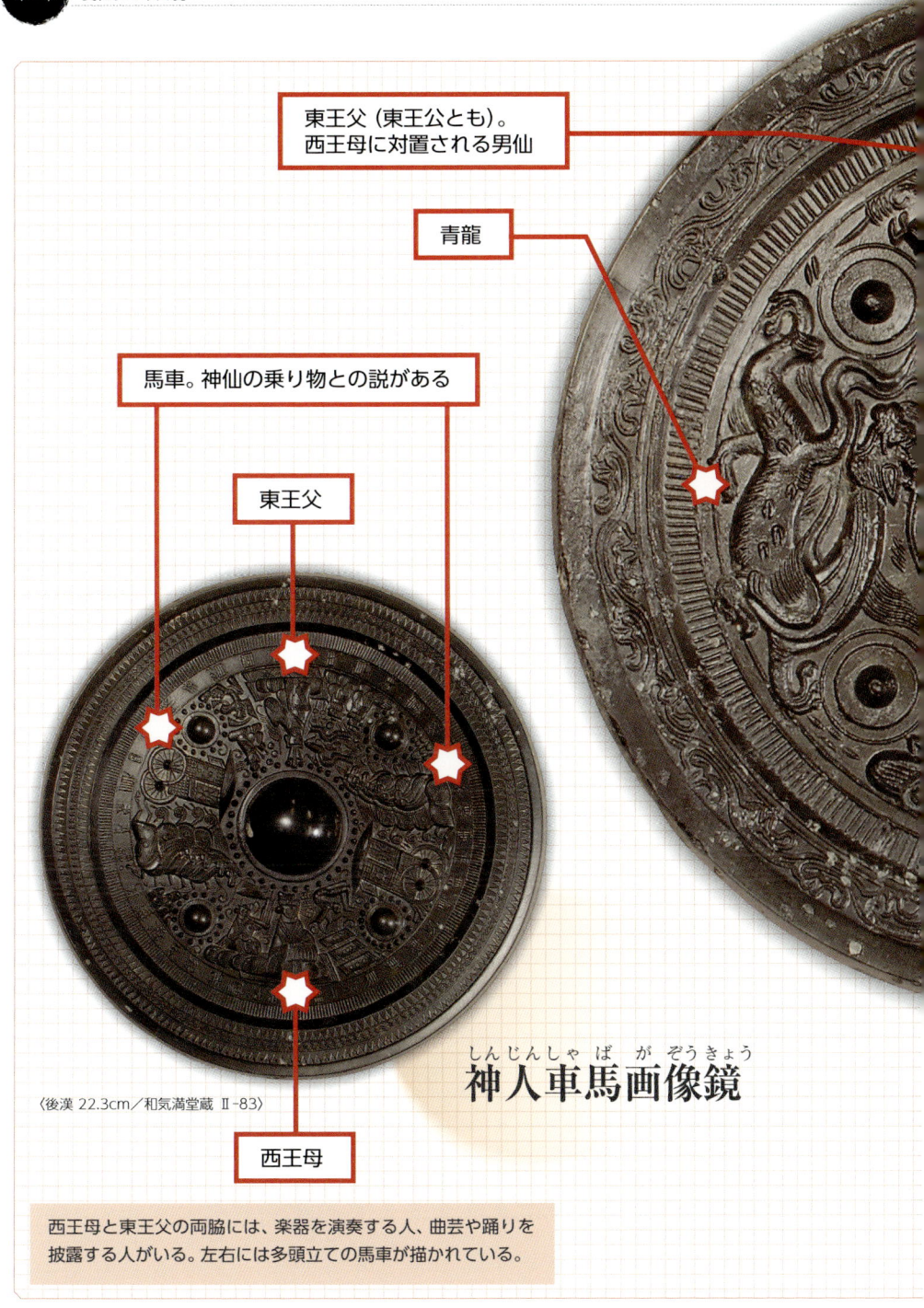

ナゾの動物の正体は？

邪悪をさけ、魔除けの役を果たすという「辟邪（へきじゃ）」
胴体のほとんどの部分が鈕の下に隠れ、メインの紋様は頭や尾が表現されている

盤龍鏡《ばんりゅうきょう》

〈後漢　14.3cm／和気満堂蔵　Ⅱ-88〉

神獣の描写が勢いを感じさせるね

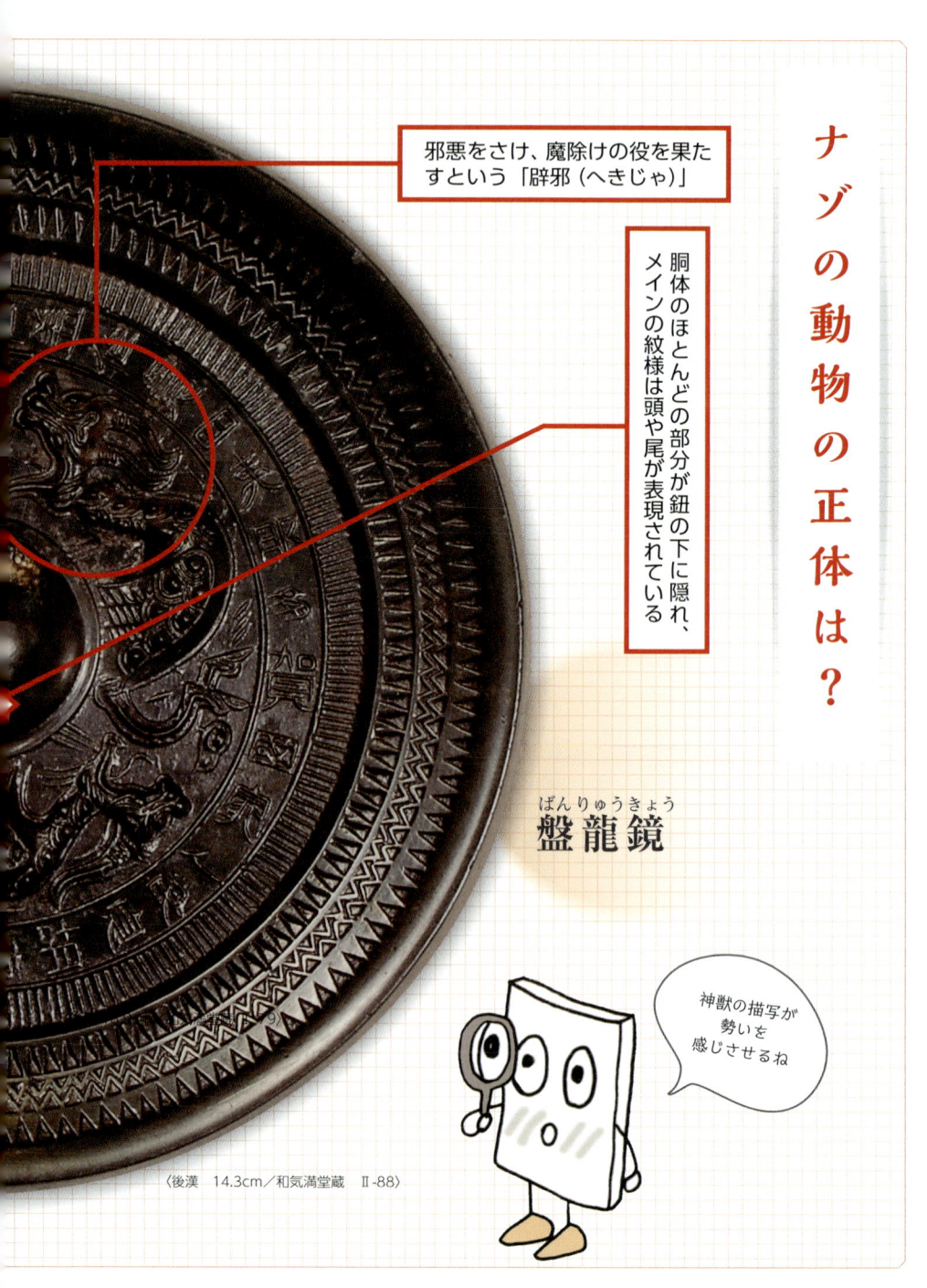

後漢前期に現れた鏡式で、角を持つ龍形と角のない虎形が絡まりあった様を内区いっぱいに表現したもの。2体または3体の獣像は中心の鈕の下に胴体が隠れており、浮彫表現の脚や胴体の一部、尾が飛び出ている。

龍形と虎形の獣は、銘文によれば辟邪と天禄である。いずれも古代中国の想像上の動物、霊獣。後の時代では辟邪は鹿に似て2角をもった姿、天禄は1角で鹿または牛に似た姿で描かれる。しかし、盤龍鏡に描かれる像では、その姿の形や角の数は一定していない。

霊獣の「天禄（てんろく）」

鏡の〝三国志〟

「三国《さんごく》時代」という時代区分は後漢が滅びた二二〇年以後を指す。しかし、小説の『三国志演義《さんごくしえんぎ》』――曹操《そうそう》、劉備《りゅうび》、孫権《そんけん》らの物語は、後漢王朝の末期からすでに始まっている。赤壁《せきへき》の戦いなど著名な戦いの多くは、後漢王朝が存続している最中の出来事だ。一八四年の黄巾《こうきん》の乱以降、地方では軍閥が力をつけていき、中央では外戚や宦官による政権争いが起こり、後漢は衰退していった。後漢最後の皇帝である献帝《けんてい》の一九六年以降は、曹操が実権を握った。

二二〇年に曹操の子、曹丕《そうひ》が禅譲により皇帝に即位して漢王朝が終わり、魏が建った。それを皮切りに、二二一年に蜀《しょく》の劉備、翌年に呉《ご》の孫権と、三人の皇帝がそれぞれ立って三国時代となる。のち二六三年に蜀が魏に降伏し、二六五年に司馬炎《しばえん》が魏の帝位を奪って晋《しん》（西晋《せいしん》）を建て、三国時代は終わる。呉は二八〇年に晋に滅ぼされるまでは存続した。

この時期は単なる戦乱の時代ではなく、文化や思想宗教が著しく発展し、転換した時期でもある。もとより国教ともなった儒教があり、民間信仰である道教が流行し、さらに後漢に伝わった仏教が普及し始めた。とくに呉では仏教が栄え、寺院の建立や仏典の翻訳が行われ、数は少ないが鏡の紋様にも仏像が描かれた。

「三国鏡」という様式もまた、後漢末から始まる。呉の地域独自の銅鏡は、建国の二二二年より前から製作されている。後漢末から三国時代にかけての呉と魏、それに西晋の鏡をまとめて、三国鏡と呼ぶ。魏・西晋の様式は連続するので、あわせて魏晋鏡とも呼んでいる。

次々と新しい鏡式が創出され華やかだった漢鏡と比べ、三国鏡は一見、目新しさがない。しかし銘文や図紋は時代に合わせて作り替えられている。

前漢中期以来、鏡の紋様は全国でおおよそ共通する様式がみられるようになったが、後漢中期からは、地域固有の特色が顕著になっていく。それは後漢という統一王朝が衰退して軍閥が割拠し、やがて三国時代となることと重なるようである。

呉の鏡、魏の鏡

三国鏡、とくに神獣鏡製作の中心地は長江中・下流域の呉の領域にあ

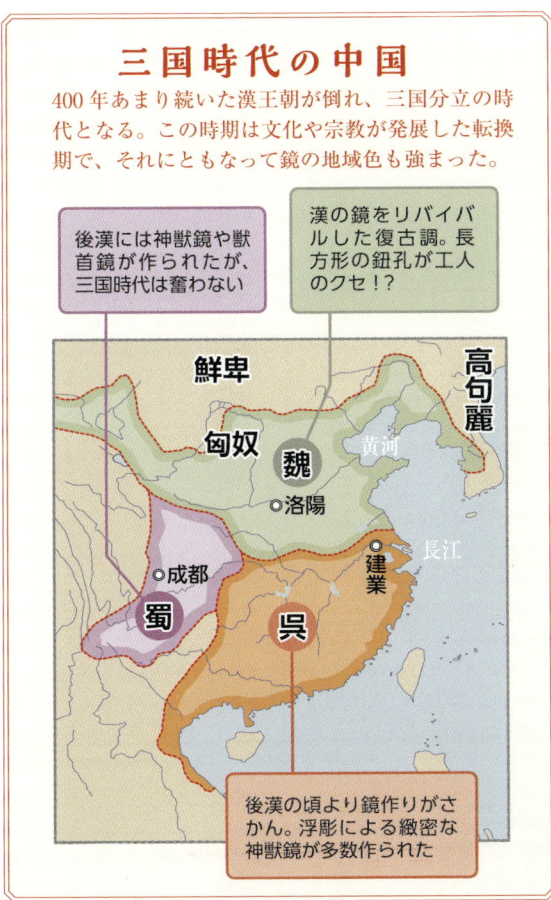

三国時代の中国

400年あまり続いた漢王朝が倒れ、三国分立の時代となる。この時期は文化や宗教が発展した転換期で、それにともなって鏡の地域色も強まった。

後漢には神獣鏡や獣首鏡が作られたが、三国時代は奮わない
漢の鏡をリバイバルした復古調。長方形の鈕孔が工人のクセ！？
鮮卑
高句麗
匈奴
魏
黄河
洛陽
長江
建業
成都
蜀
呉
後漢の頃より鏡作りがさかん。浮彫による緻密な神獣鏡が多数作られた

った。呉の神獣鏡は対置式、同向式、重列式があり、建安《けんあん》年間（一九六～二二〇）の紀年をもつ鏡が多数作られている。そのほかに八鳳鏡《はちほうきょう》などがある。神獣鏡は、後漢後期から製作され始めるが、それ以前の線だけで表現された紋様とは異なり、ふっくらと隆起した浮彫が施される。緻密で立体的な彫り込みによって、人《ひと》形《がた》の神仙や神獣を表現しており、鳥獣の姿や幾何学紋様を主題としたそれまでの鏡の趣とは、一線を画す。

呉が西晋に滅ぼされた後も、呉の領域では鏡作りが継続するが、戦乱や銅原料の不足により製作がふるわなくなり、衰えていった。紋様も、かつての精彩を放った躍動的な表現はなくなり、次第に簡素になっていった。

一方、魏では呉とは異なった鏡が製作され始めた。復古鏡である。魏晋鏡は、復古鏡あるいは仿古鏡《ほうこきょう》などと呼ばれる、前漢や後漢の鏡の図紋を復古した紋様を用いることを特徴とする。方格規矩四神鏡や連弧紋鏡、虺龍紋鏡、獣帯鏡、画像鏡など多様な鏡式がリバイバルされた。図紋を模倣しつつ再構成した鏡も多いが、その過程で漢代に表現されていた神仙思想の本来の意味が失われている場合もある。また、魏晋鏡は鈕孔《ちゅうこう》の形態が独特で、円形ではなく長方形をしているものが多い。

後漢時期の蜀の地域、広漢郡《こうかんぐん》、蜀《しょく》郡《ぐん》（ともに現在の四川省《しせんしょう》）では鋳鏡が盛んであったことが銘文から判明しているが、三国時代蜀の鏡は明確ではない。

（岸本泰緒子）

陰と陽の調和を示した仙人像

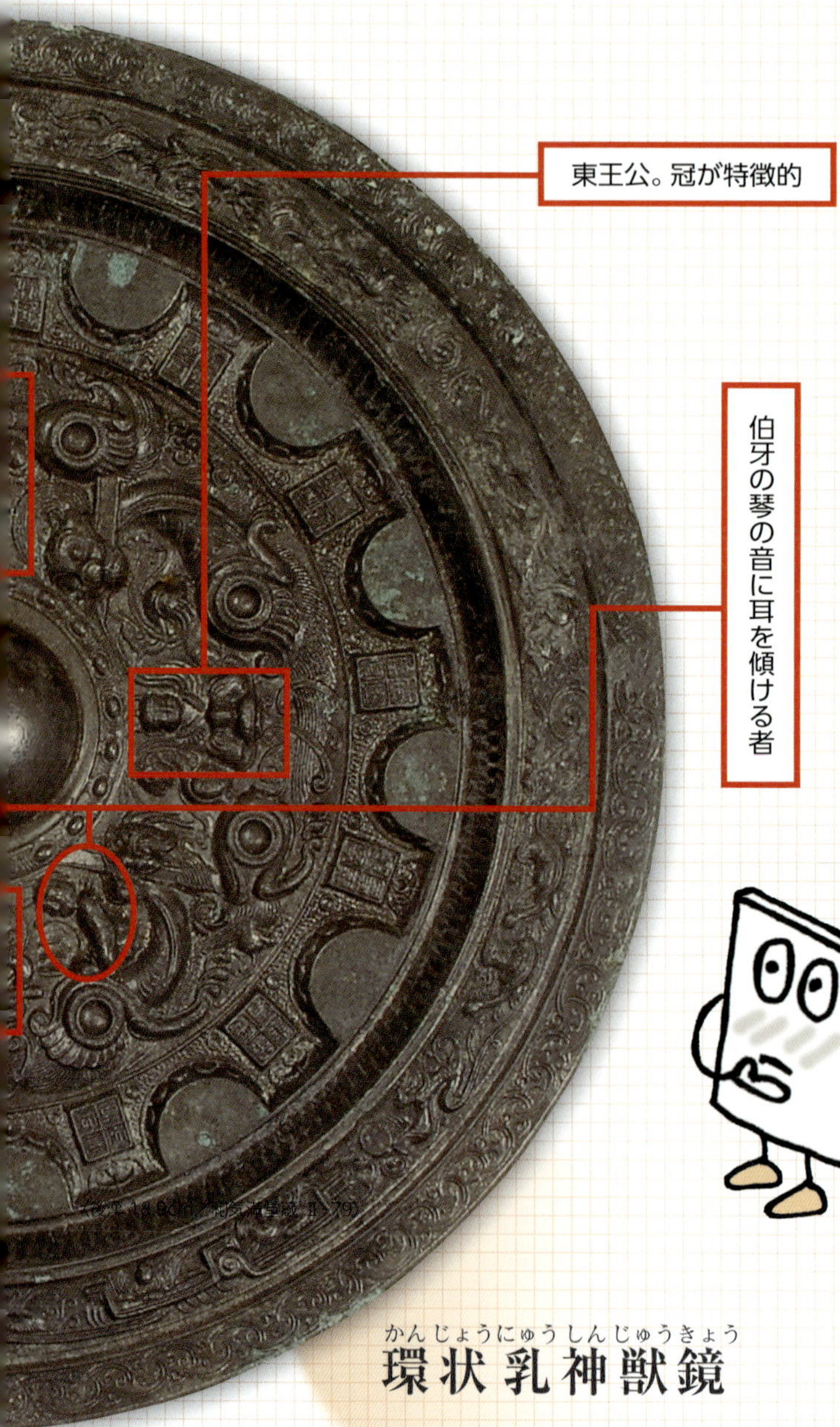
東王公。冠が特徴的
伯牙の琴の音に耳を傾ける者

神様同士が世界のバランスをとっている様子を示しているのか

環《かん》状《じょう》乳《にゅう》神《しん》獣《じゅう》鏡《きょう》

西王母
神仙がのる龍の肩や腰が「乳」と呼ばれる突起にデザインされている
伯牙。膝の上に琴を置いて弾いているのがわかる。伯牙の琴の音「楽」が、西王母と東王公が象徴する陰と陽の調和を促す

〈後漢 16.2cm／和気満堂蔵 Ⅲ-4〉

神獣鏡は後漢半ばに出現し、その後いろいろな組み合わせや模倣を繰り返しながら、南北朝時代まで製作され続けた。統一王朝不在の不安定な時代に、民間では神仙思想が流行した。それを題材として、浮彫によって立体的に神仙の姿を浮かび上がらせている。後漢代の呉の領域で製作がさかんとなった。

この鏡は、神仙がのる獣の肩と腰が環状の乳（突起）になっていることから環状乳神獣鏡という。西王母・東王父（東王公）・伯牙の3神仙か、これに黄帝を加えた4神仙が、それぞれ龍の上にのる形式である。伯牙は神仙となった琴の名手で、彼の奏でる「楽」の音によって、西王母と東王父が象徴する陰と陽のエネルギーが調和して循環することを表現している。

三国志、呉が生み出した鏡

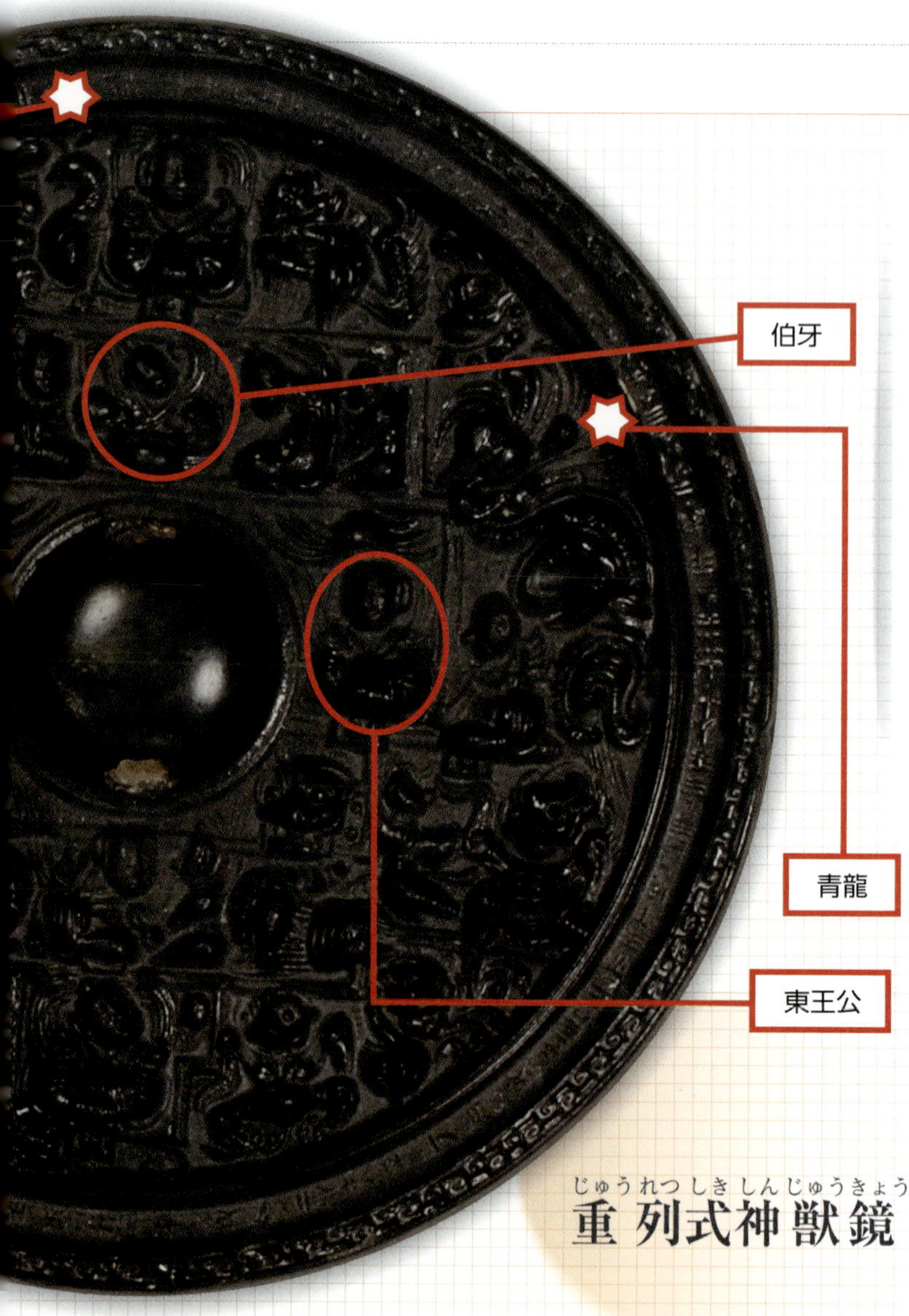

重《じゅう》列《れつ》式《しき》神《しん》獣《じゅう》鏡《きょう》

〈後漢 13.3cm／和気満堂蔵 Ⅲ-9〉

内区を数段に水平に区画し、図像を一方向からみるように配置した神獣鏡。神仙像にくわえ、上段に朱雀、下段に玄武、左右に青龍と白虎を置くことが定型化している。銘文に「五帝天皇　白（伯）牙弾琴　黄帝除兇　朱鳥玄武　白虎青龍」とあり、これらの図像の内容を説明している。天に神々が整然と並び、正しく運行していることを表している。
神獣鏡の製作の中心地であった呉では、後漢の建安年間（196～220）以降、さまざまな鏡式が生み出される。重列式神獣鏡もそのひとつであり、建安年間の紀年銘をもつものが多く知られており、この時期に製作が盛んだったことがわかる。

朱雀
白虎
西王母
玄武

鏡にあらわれた三国志

後漢最後の皇帝である献帝の建安元年（一九六）以降、曹操が実権を握り、劉備や孫権らと争う『三国志』の時代に入っていた。この頃、鏡、とくに神獣鏡の製作は長江中・下流域の呉の領域を中心としていた。この時期の鏡は、後漢王朝が形式的には存続しているため後漢の年号「建安」で表記される。呉における鏡の製作は建国をさかのぼり、後漢代に開始されていた。

一方、黄初四年（二二三）の銘をもつ呉の鏡もある。「黄初」は二二〇年建国の魏の年号であり、呉の孫権は二二二年に魏に対抗して自らの年号「黄武」をたてたのであるが、魏と呉が断絶する以前だったので、魏の年号を採用したのであろう。鏡からも当時の三国時代の国際関係を垣間見ることができる。

呉の鏡なのに、
魏の年号を
もつものがあるんだ！

配置のヴァリエーション

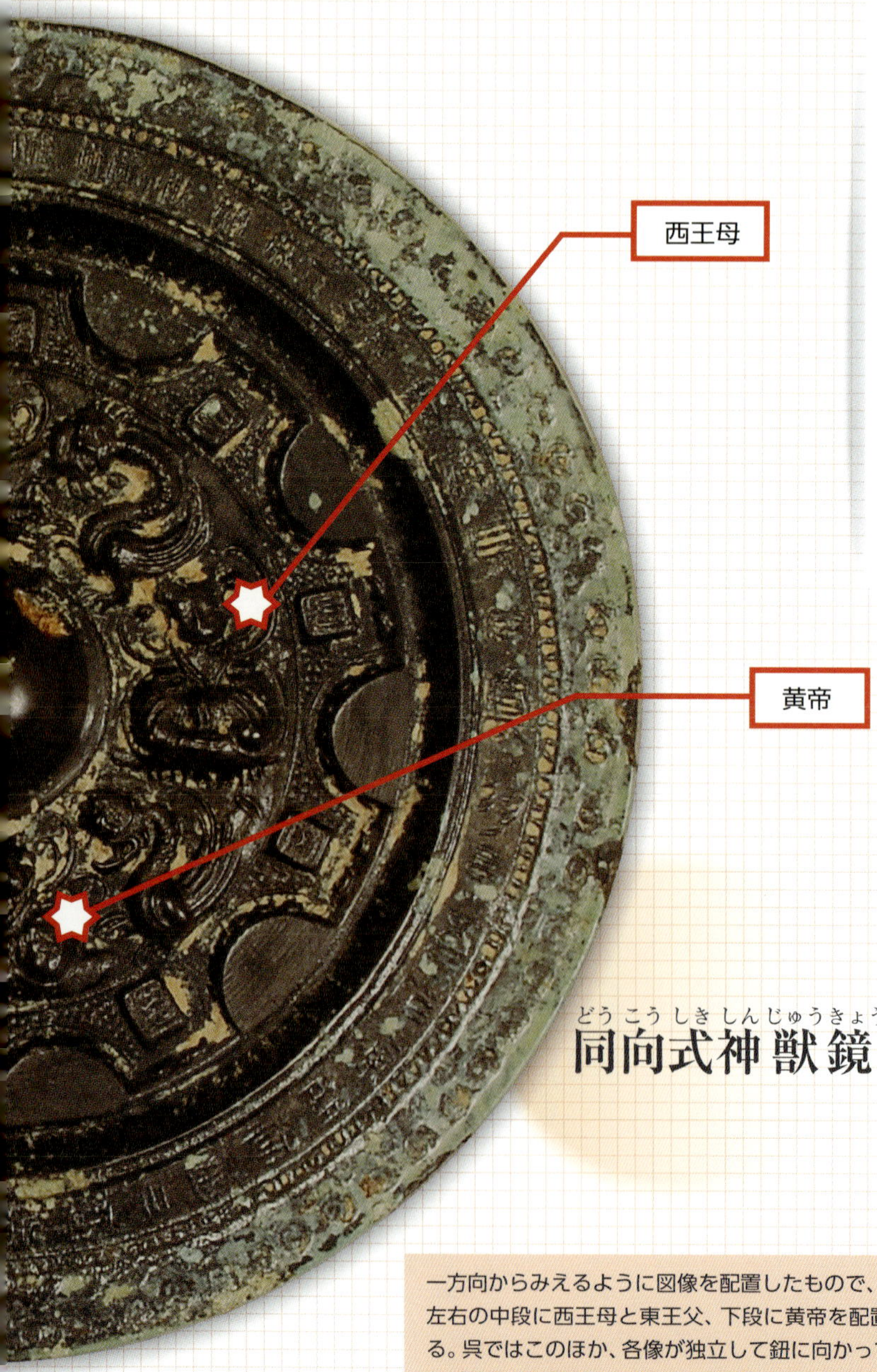

同向式神獣鏡《どうこうしきしんじゅうきょう》

一方向からみえるように図像を配置したもので、上段に伯牙を、鈕の左右の中段に西王母と東王父、下段に黄帝を配置するのが定型である。呉ではこのほか、各像が独立して鈕に向かって求心的に配置された「求心式神獣鏡」など、多くのヴァリエーションを生み出した。

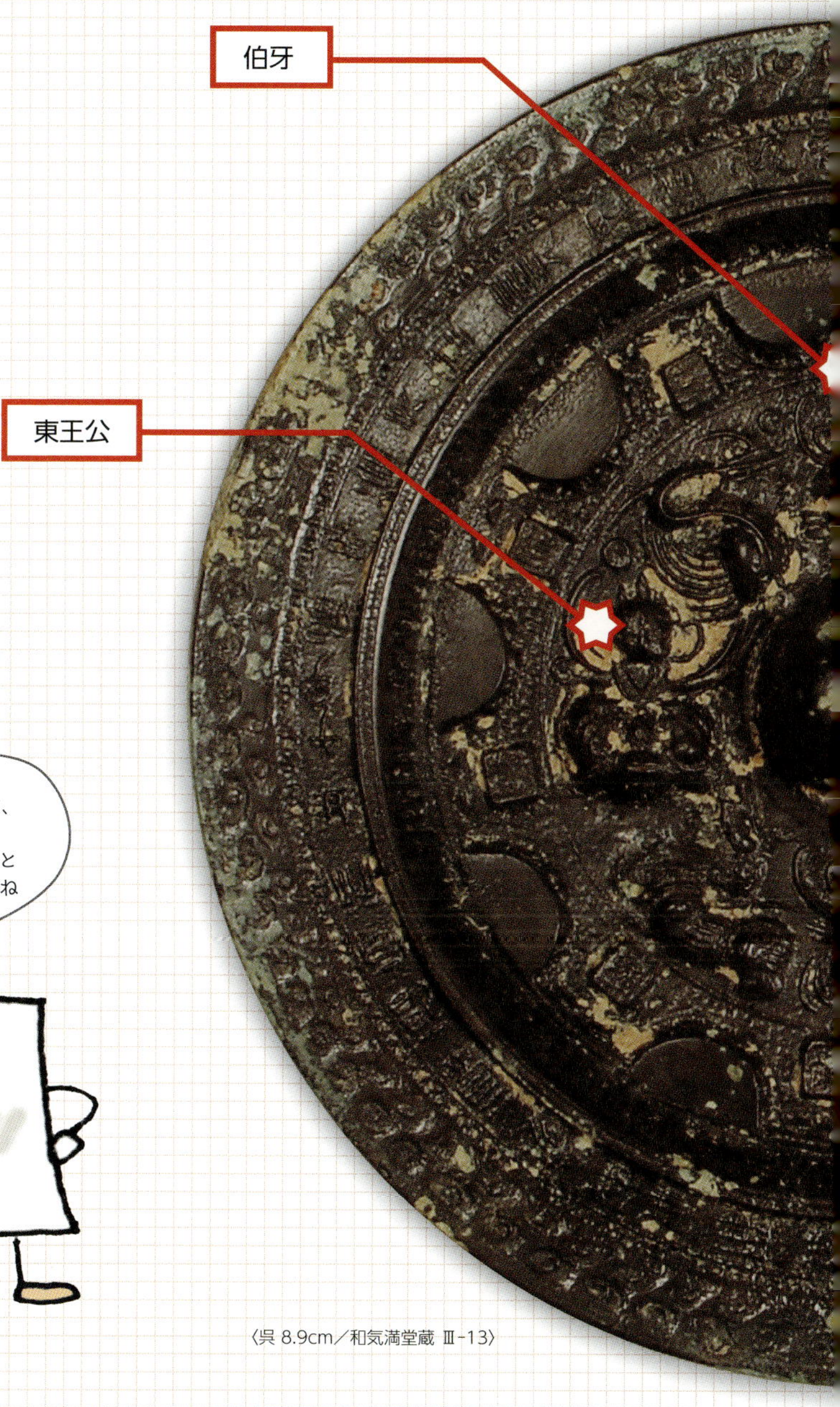

〈呉 8.9cm／和気満堂蔵 Ⅲ-13〉

復古調の魏の鏡

こちらが
モデル！
リバイバル！

〈虺龍紋鏡 前漢 18.1cm／和気満堂蔵 Ⅱ-13〉

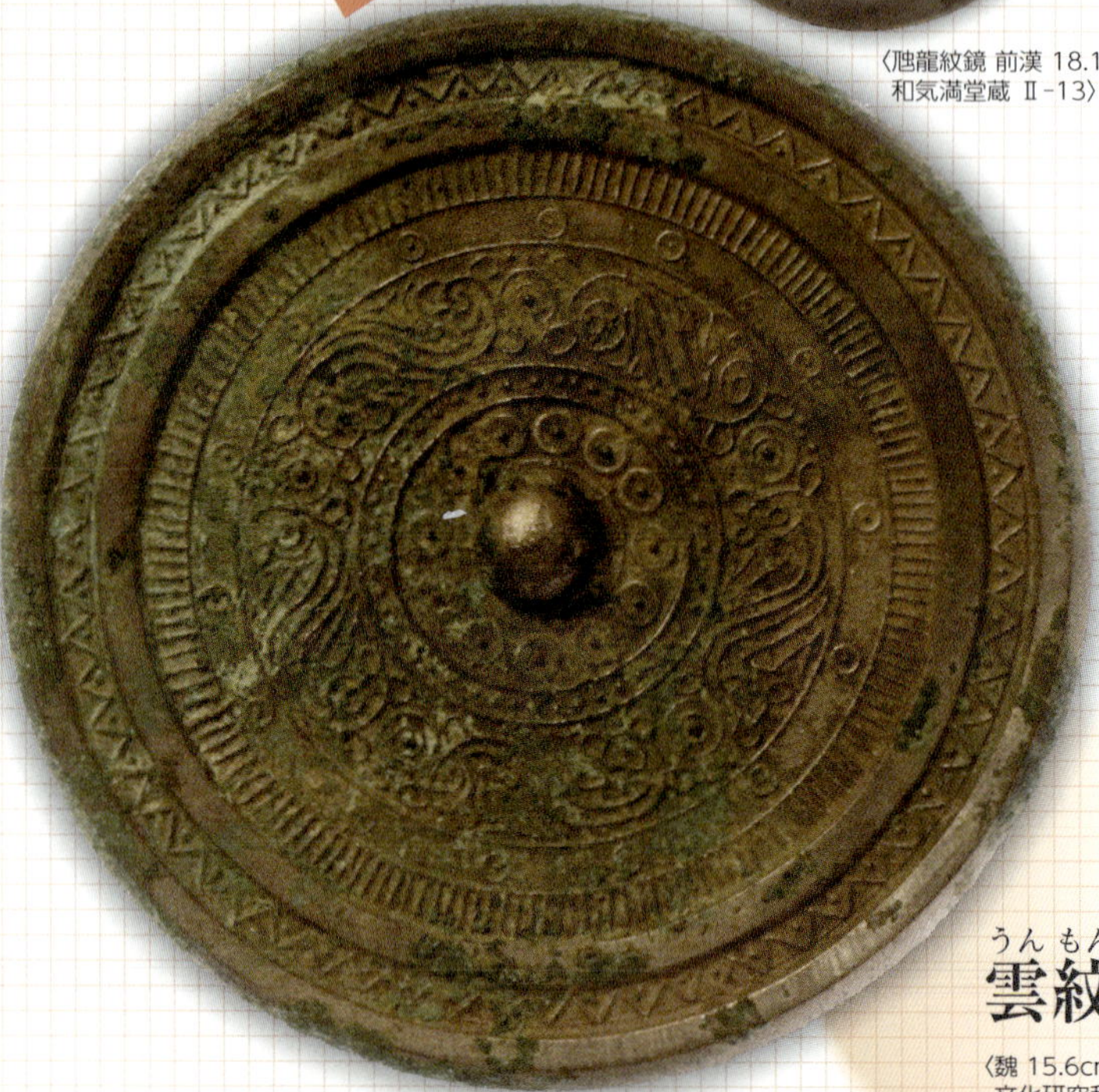

雲紋鏡《うんもんきょう》

〈魏 15.6cm／東京大学大学院総合文化研究科・教養学部駒場博物館蔵（下も） Ⅲ-17〉

魏の雲紋鏡の鈕孔。
長方形をしている

魏の鏡作りの特徴は、前漢や後漢の鏡のデザインを復古して使用することである。この雲紋鏡は前漢の虺龍紋鏡（>>>P42参照）を模倣したものである。ただし前漢のそれとは詳細が異なり、デザインに魏の工人オリジナルの改変が加えられている。逆S字紋はデフォルメされて原鏡とは異なる雰囲気となっている。主紋区は5つに区画され、鈕の周囲には12の小乳がめぐるが、いずれも前漢の虺龍紋鏡にはみられない数である。
三国鏡のうち、魏の鏡は紐を通す鈕の孔（あな）が長方形だという特徴がある。銅鏡の鈕孔（ちゅうこう）は、通常円形や半円形をしているが、魏の鏡作り工人独特のクセとして長方形の鈕孔が見られる。この特徴は三角縁神獣鏡の一部にも見られ、中国製か日本製かで議論の分かれていた三角縁神獣鏡の製作地論争において、魏鏡説に大きな根拠を与えた。この鏡も、鈕孔が長方形である。

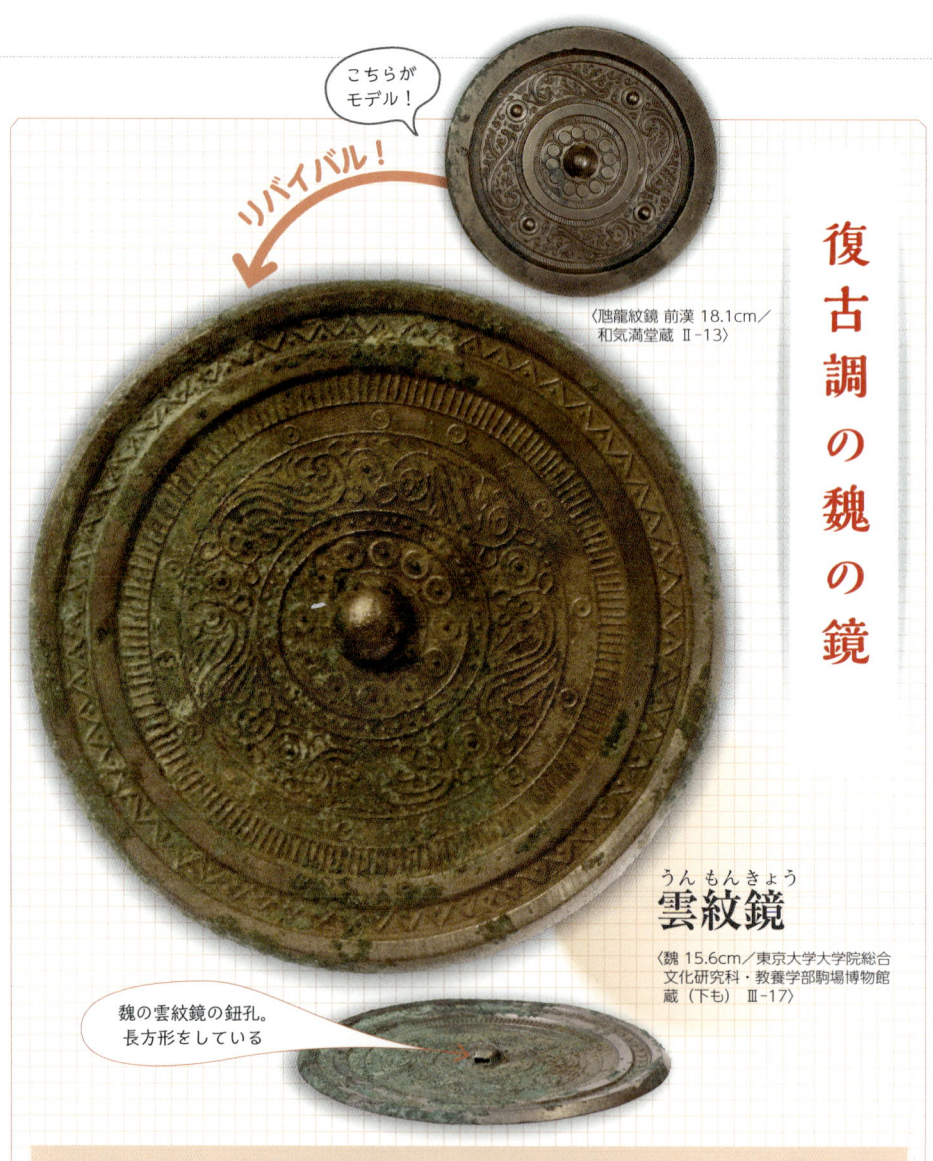

第3章
日本の鏡のオリジナリティ

〝国産〟の鏡は、模倣から独創へ

古代中国で姿見として登場した鏡は、日常の道具として使われ続ける一方で、やがて実用とは別の性格である呪術性が強調されるようになり、漢代を通じて、皇帝の象徴となっていった。

その過程で、鏡背には当時の宇宙観や世界観をかたどったさまざまな図像――玄武・青龍・朱雀・白虎の四神を配した四神鏡や、瑞獣をめぐらした獣帯鏡、西王母や東王父などをあらわした神獣鏡など――で飾るようになった。

これらの鏡が「倭」と呼ばれた、弥生・古墳時代の日本列島に伝わったとき、どのように受け入れられ、また変化していったのだろうか。

好みがうかがわれる鏡の紋様

現在までに発掘された、弥生・古墳時代遺跡出土鏡は約五〇〇〇面にも及ぶ。この中には日本列島製の鏡・倭鏡（倣製鏡）もある。

日本列島で最初に倭鏡を製作したのは、北部九州の弥生人であった。弥生小形倣製鏡と呼ばれるこれらの鏡は、前漢の日光鏡を原型とし、面径が一〇センチメートルに満たず、また紋様の鋳出が鮮明ではない。古墳時代に至ると、面径・鏡式・鋳出の鮮明度において、歴然とした差がある倭鏡が作られるようになった。

倭鏡は中国鏡を模倣したとはいえ、完全なるコピーではない。中国鏡に表現された宇宙観や思想性を倭人が完全に理解したとは思えず、模倣の結果、中国鏡の図像は変形してあらわされ、すぐに図形化してしまう。

たとえば、玄武・青龍・朱雀・白虎が描かれているものの、図像が崩れているものや、本来、方格内に配列されるべき十二支の文字が配列されていなかったりするものがある。また、中国製同向式神獣鏡と中国製環状乳神獣鏡の二種の紋様を合成して再構成した倭鏡も存在する。

このようにして紋様を模倣していくうち、倭人の好みが表現されるようになってくる。連弧紋鏡は、この紋様が太陽のイメージと重なったためであろうか、さかんに製作された鏡式である。やがて、連弧紋鏡をモチーフにしながら、直弧紋を配した直弧紋鏡が登場する。これは中国にはない、倭独自の紋様である。

天円地方の宇宙観と方位神をあらわした中国製の方格規矩四神鏡のモチーフに変更を加え、家屋を配した倭鏡「家屋紋鏡《かおくもんきょう》」も登場する。高床建築や竪穴住居などを四方に置くもので、何を意図してこの紋様にしたのかは不明であるが、直弧紋とともに、倭鏡における独自の紋様表現の一例である。

呪術的パワーを求めて巨大化する鏡

さらに、この時代の大きな特徴として、倭鏡の巨大化が挙げられる。同時代の最大の中国鏡でも直径二〇センチメートル程度であったのに、倭鏡では、四〇センチメートルを超える鏡が作られた。

なぜ鏡が巨大化したのか。光り輝く円形の鏡は、太陽の雛形であり、日の神を象徴した神器とも考えられる。そうであれば、「より大きい鏡にはより大きな霊力が宿る」として、呪術的宗教的に他を凌駕《りょうが》して卓越したいとの願いが、鏡の直径の巨大化をうながしたのかもしれない。

奈良盆地には、箸墓《はしはか》古墳や桜井茶《さくらいちゃ》臼山《うすやま》古墳をはじめとした初期大和王権の王が眠る巨大前方後円墳が多数存在する。巨大化した大型倭鏡は、これらの王とその配下と考えられる古墳に副葬された。

中国鏡は漢・三国時代の社会の中でその必要性にもとづいて製作されたものであるが、倭人は自ら鏡を製作することにより、そこから好みの要素を取り出して、倭の社会の必要性を満たす鏡を製作したのである。

（新井 悟）

古墳時代の東アジア

2世紀後半の後漢帝国の内部に生じた混乱から、帝国の滅亡、三国の分立、西晋の一時的な統一と南北朝の分裂、そして隋による統一に至るまでの東アジア動乱の時代は、そのまま倭の古墳時代に対応する。この動乱の最中、周辺地域の朝鮮半島と日本列島の社会は急速に国家形成の歩みを進めていくこととなる。そして、畿内を中心に多くの巨大古墳が築かれていく。

大和王権の中心地のひとつである奈良盆地。

巨大な日輪のイメージ

連弧紋鏡《れんこもんきょう》

〈古墳時代前期 奈良県柳本大塚古墳
39.7cm／写真 宮内庁書陵部 Ⅳ-1〉

実物の鏡の大きさ（直径39.7cm）

古墳出土鏡としては第2位の大きさの、直径約40cmの超大型鏡である。内区主紋様の連弧紋が太陽のイメージと重なったためであろうか、倭人は好んで連弧紋鏡を製作した。中国鏡では10cm台が平均の連弧紋鏡は、倭鏡では直径5cm前後の小型鏡から30cm台の超大型鏡まで、大きさのヴァリエーションがあり、そこに所有者の権威の差が表現された。

柳本大塚《やなぎもとおおつか》古墳《こふん》

奈良県天理市柳本町にある、古墳時代前期の前方後円墳。全長94m。古墳の内部主体は竪穴式石室であるが、大型連弧紋鏡は、棺の入った石室とは別の小竪穴式石室に単独で副葬されていた。わざわざ別の石室を造って副葬することに、鏡を格別に重視していたことがうかがえる。

※古鏡図版は川崎市市民ミュージアム「古鏡 ーその神秘の力ー」展示図録より転載（この章すべて）

模倣と独創の融和をみる

〈古墳時代前期 奈良県新山古墳
28.0cm／写真 宮内庁書陵部 Ⅳ-2〉

直弧紋鏡《ちょっこもんきょう》

直弧紋鏡は、連弧紋鏡をモチーフに、倭独自の紋様である直弧紋を配して、倭人好みの鏡にしたものである。倭人の模倣と独創の両者をみることができる代表的な倭鏡である。直弧紋とは、直線と弧線を組み合わせた紋様で、邪悪なものを避ける効用をもつとされる。倭人は、鏡だけでなく埴輪や刀装具にも直弧紋を多用した。澄んだ鏡面、その鏡面が放つ強烈な光、その鏡を直弧紋で飾ったところに、倭人が鏡に辟邪（魔除け）の意味をみていたことを知ることができる。

新山古墳《しんやまこふん》

奈良県北葛城郡広陵町大塚にある、古墳時代前期の前方後方墳。全長126m。後方部に竪穴式石室があり、1885（明治18）年に土地所有者が地面を掘ったところ、鏡、管玉、石釧（いしくしろ）、車輪石、帯金具、刀剣などの副葬品が見つかった。鏡は34面あり、直弧文鏡も3面出土した。

連弧紋をベースにして、直弧紋を配した

紋様を描くとき、定規とか使ったのかな？
見れば見るほど、複雑なパターンだよね、直弧紋って

直弧紋《ちょっこもん》鏡《きょう》

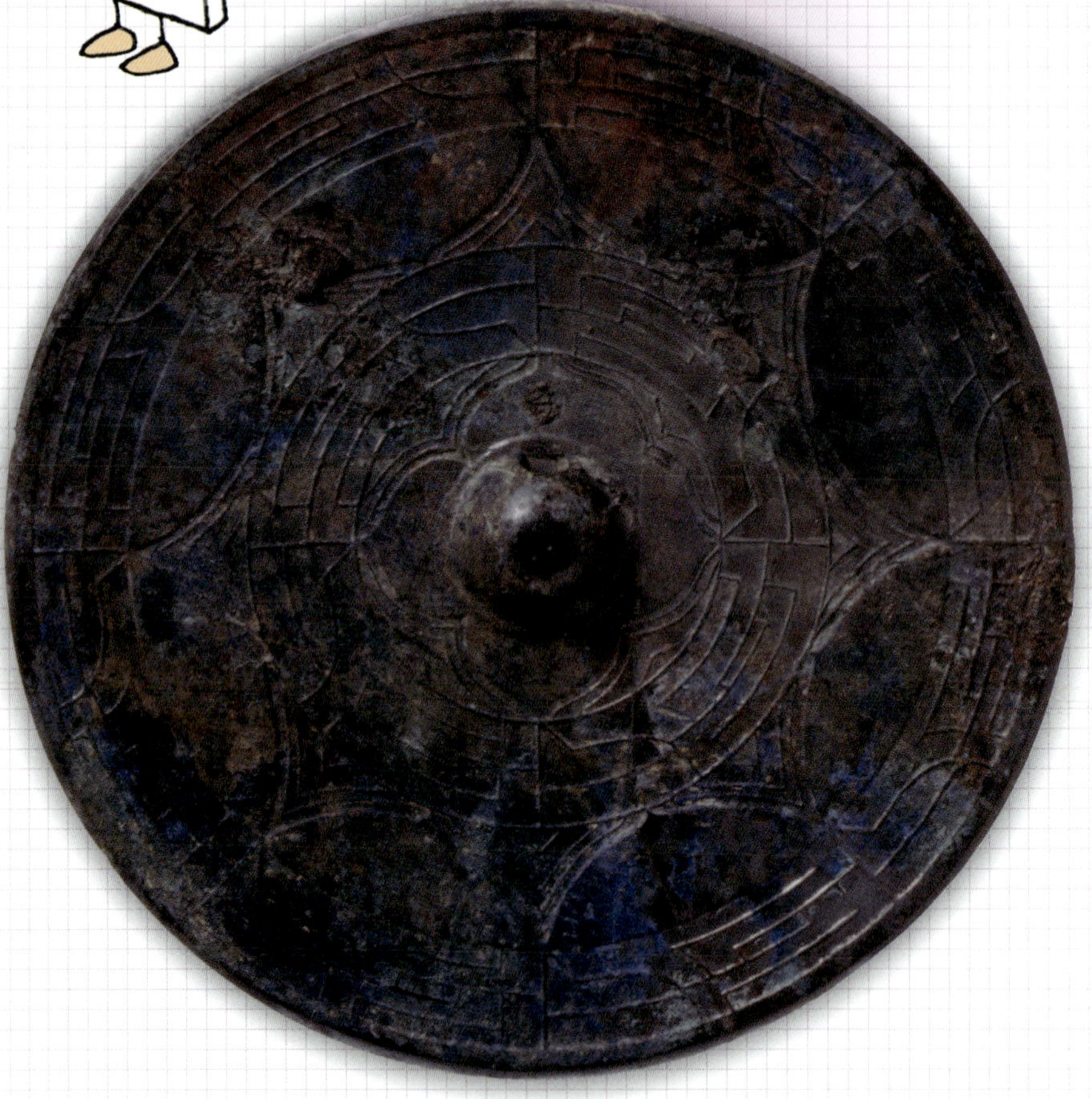

〈古墳時代前期 奈良県新山古墳 21.0cm／写真 宮内庁書陵部 Ⅳ-3〉

素《そ》紋《もん》縁《えん》直《ちょっ》弧《こ》紋《もん》鏡《きょう》

直弧紋は
古墳時代の人たちの
オリジナル紋様
なんだよ

〈古墳時代前期 奈良県新山古墳 26.4cm／写真 宮内庁書陵部 Ⅳ-4〉

二つのデザインが合体

この部分は中国製の方格規矩四神鏡の模倣

後漢の鏡の代表的なスタイルの合体だね

方格《ほうかく》規《き》矩《く》鏡《きょう》

内区主紋様は中国製方格規矩四神鏡（>>>P46参照）を模倣し、内区外周と外区は中国製神獣鏡（>>>P56参照）のデザインをとった、2つの鏡式の特徴をもつ倭鏡である。内区には玄武・青龍・朱雀・白虎が描かれているが、いずれも中国鏡のそれとは異なり、図像が崩れてしまっている。また方格内には本来十二支の文字が配列されるが、文字と認められるものは少ない。同様に、外区の内側の紋様帯は中国鏡では銘帯であるが、文字風の紋様をあらわした擬銘帯となっている。中国鏡の思想性に対する倭人の理解の程度があらわれているのだろう。

とはいえ、方格規矩四神鏡のかなり忠実な模倣である。また、中国製神獣鏡起源の外区をもつ倭鏡は多く、製作者の系譜だけではなく、その紋様を採用することに社会的な必要があったのかもしれない。

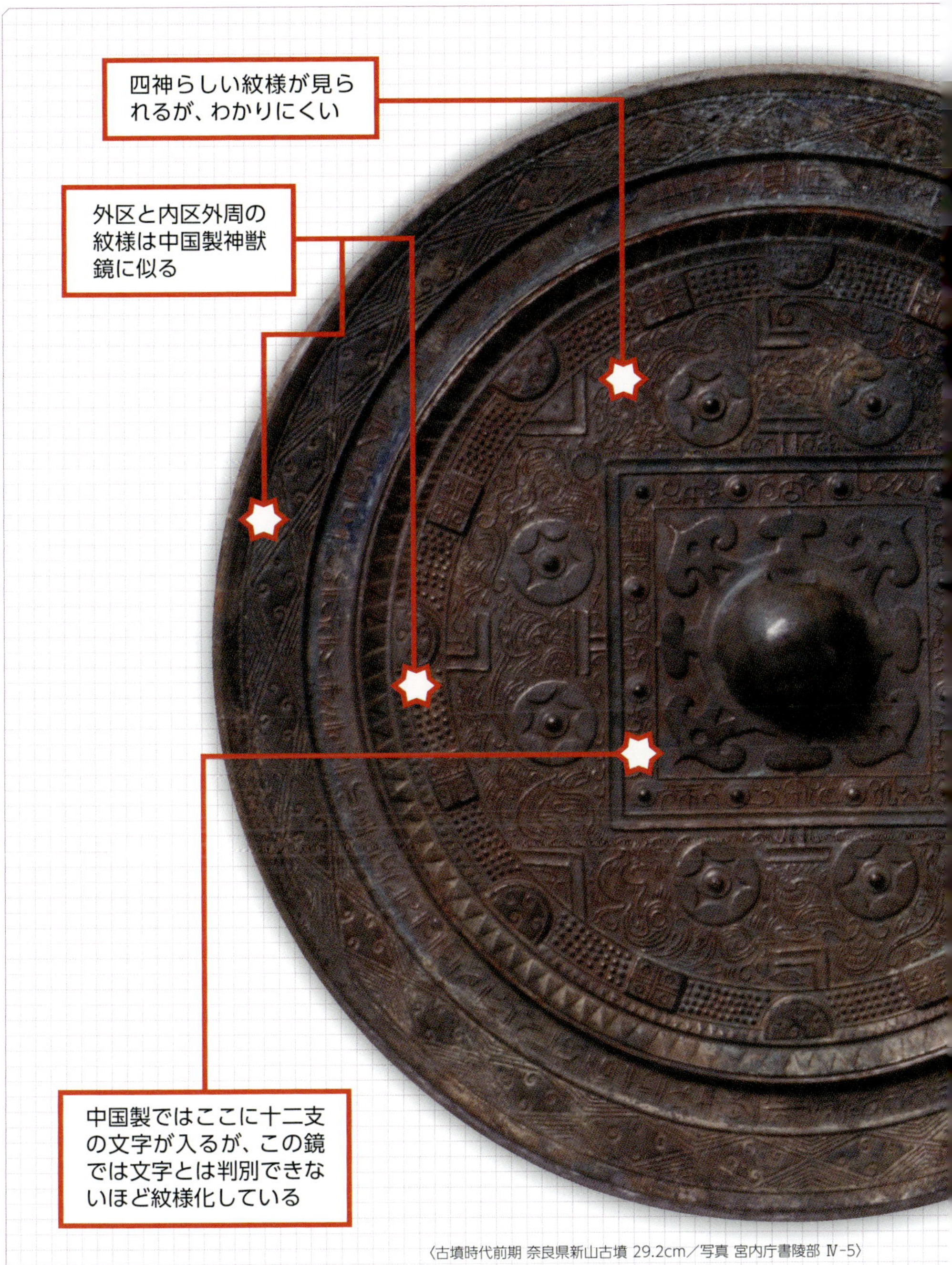
四神らしい紋様が見られるが、わかりにくい
外区と内区外周の紋様は中国製神獣鏡に似る
中国製ではここに十二支の文字が入るが、この鏡では文字とは判別できないほど紋様化している

〈古墳時代前期 奈良県新山古墳 29.2cm／写真 宮内庁書陵部 Ⅳ-5〉

家屋を描く、独特の鏡

入母屋造りの高床建築。バルコニーらしきものも見られる

平屋建物。屋根は入母屋造り

家《か》屋《おく》紋《もん》鏡《きょう》

〈古墳時代前期 奈良県佐味田宝塚古墳
22.9cm／写真 宮内庁書陵部 Ⅳ-6〉

方格規矩四神鏡をモデルにしながら、家屋紋を配置した、中国鏡にはみられない紋様をもつ倭鏡である。切妻造りの屋根の高床建築、入母屋造りの屋根の高床建築（バルコニーと蓋）、入母屋造りの屋根の平屋建物、入母屋造りの屋根の竪穴住居を四方に置くが、これらの建物が何であるかは、貴人から庶民までの建物を表現したという説や、すべて王権にかかわる建物をあらわしたという説などの諸説がある。新山古墳出土の方格規矩鏡と同様に内区外周と外区は、中国製神獣鏡起源である。

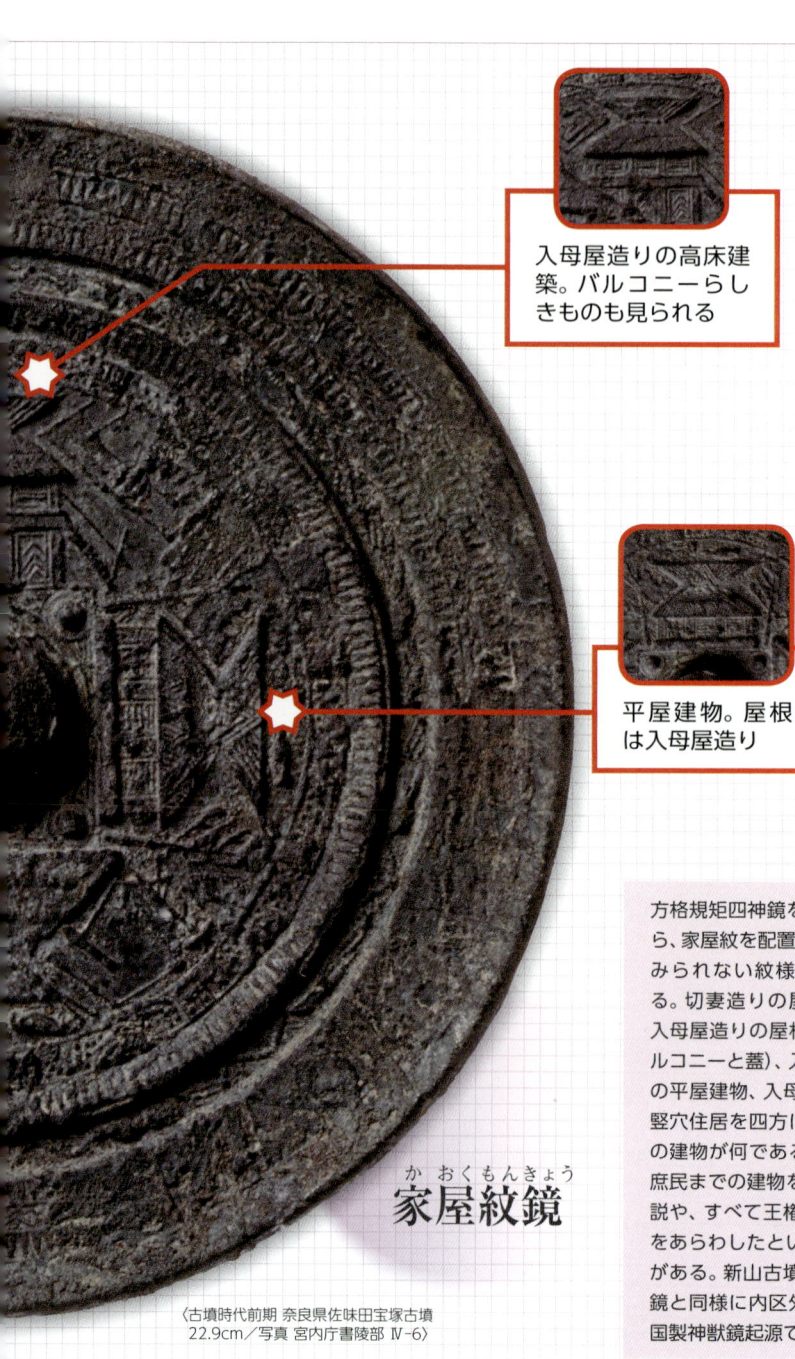

佐《さ》味《み》田宝塚《たたからづか》古《こ》墳《ふん》

奈良県北葛城郡河合町佐味田にある、古墳時代前期の前方後円墳。全長111.5m。1881（明治14）年に後円部が掘られ、多数の遺物が出土した。副葬品として、家屋紋鏡ほか、三角縁神獣鏡など30面以上の鏡が納められていた。

切妻造りの高床建築

竪穴住居

何に使われた建物かはわからないけど、当時の家屋を知る貴重な手がかりなんだよ

ナゾの獣が刻まれた鏡

外区と内区外周は
中国製の神獣鏡の
紋様に似ている

鼉龍鏡《だりゅうきょう》

〈古墳時代前期 奈良県新山古墳 27.2cm／写真 宮内庁書陵部 Ⅳ-7〉

内区が、乳によって４区画され、ネコ顔の芋虫状の獣形がこれを取り巻く。この獣形を鼉龍（想像上の動物）と仮に呼んでいるが、根拠があるわけではない。確かなことは、この獣形とその他の図像はそれぞれモデルが異なり、前者は中国製同向式神獣鏡（>>>**P60参照**）、後者は中国製環状乳神獣鏡（>>>**P56参照**）が起源である。この２種の紋様を合成して、全体としては環状乳神獣鏡の主紋様に見立てた倭鏡である。この鏡式は、倭鏡のなかでも好まれたもののひとつで、面径を変化させながら製作された。古墳出土鏡として最も大きな山口県柳井茶臼山古墳出土の鼉龍鏡は、面径が44.5cm もある。

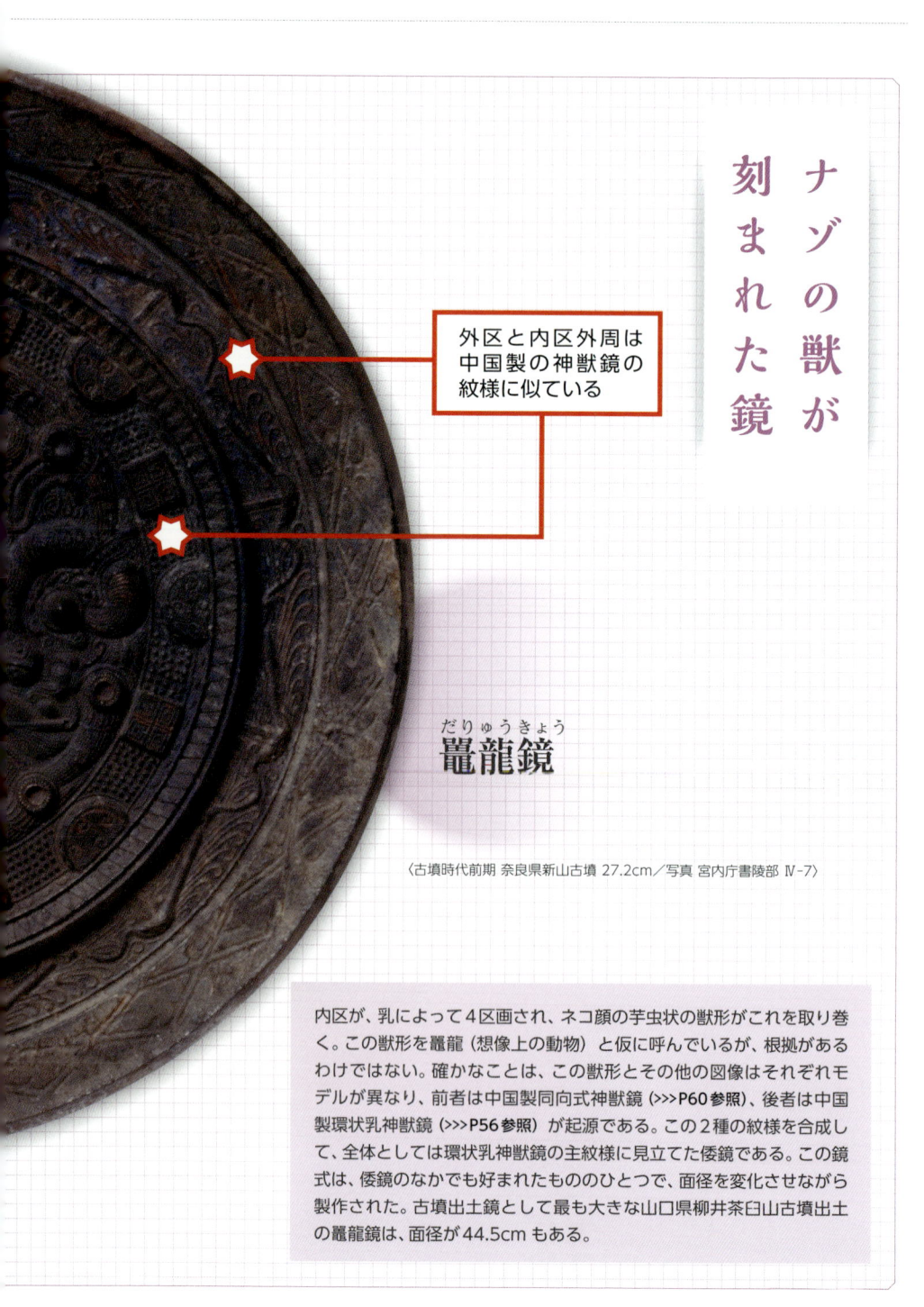

それ以外の図像の展開は中国製の環状乳神獣鏡をモデルにしている
この獣形のあらわし方は中国製の同向式神獣鏡に似る

どうして２種類の神獣鏡の図像が合成されているんだろう？

トピックス

銅鏡のつくりかた

これがモデル

山梨県内から出土した
盤龍鏡をモデルとして使用した。

銅鏡は鋳型に溶解した金属を流し込んで作られる。では、実際にはどのような作業が行われるのであろうか。

山梨県立考古博物館では、平成十年度に初めて体験学習会として「銅鏡づくり教室」を開催し、平成二一年度からは「青銅鏡作り体験」として実習を通じて古代の技術や文化に触れてもらう機会を提供している。

ここではその実習を例として、銅鏡の製作の工程をたどってみよう（なお、この実習は限られた時間の中で当時の技術を追体験することを目的としているため、当時の製作工程そのものではない。また、ここで取り上げる工程は、博物館で現在行われている体験教室とは異なる内容も含まれる）。

実習は、山梨県の亀甲塚古墳から出土した盤龍鏡をモデルとし、参加者には鋳型作りから、鋳造、研磨までを体験してもらった。鋳型は実物を参考に削り出したものを基型とし、それに鋳物用ガス硬化砂を押しあてて作る「踏み返し法」を採った。

（監修　雨宮加代子）

鋳型の製作

鋳造には、まず鋳型を作る必要がある。木枠に硬質ウレタンを削って作った基型を据え、型と鋳物用ガス硬化砂がくっつかないよう離型剤をまぶしたあと、鉱物砂を充填する。

鋳物用ガス硬化砂は炭酸ガスで固まるため、鋳型全体に行き渡るよう、炭酸ガスを注入し、硬化したら基型をはずす。

鋳型に湯（溶けた金属）を注ぐ

できあがった鋳型。鏡背側に見える穴は湯口（溶けた金属を鋳型に流し入れる口）。

耐熱レンガで組んだ炉にるつぼを置いて、銅と錫を溶かす。左は電動ファンを利用したフイゴ。

そこへ、溶けた青銅を流し……

30～40分ほど自然冷却させ、十分冷めたら型をはずす。青銅は銅8：錫2の割合とした。

溶けた青銅が流れて固まった部分や鏡の縁のバリを電動工具などを使って取りのぞき……

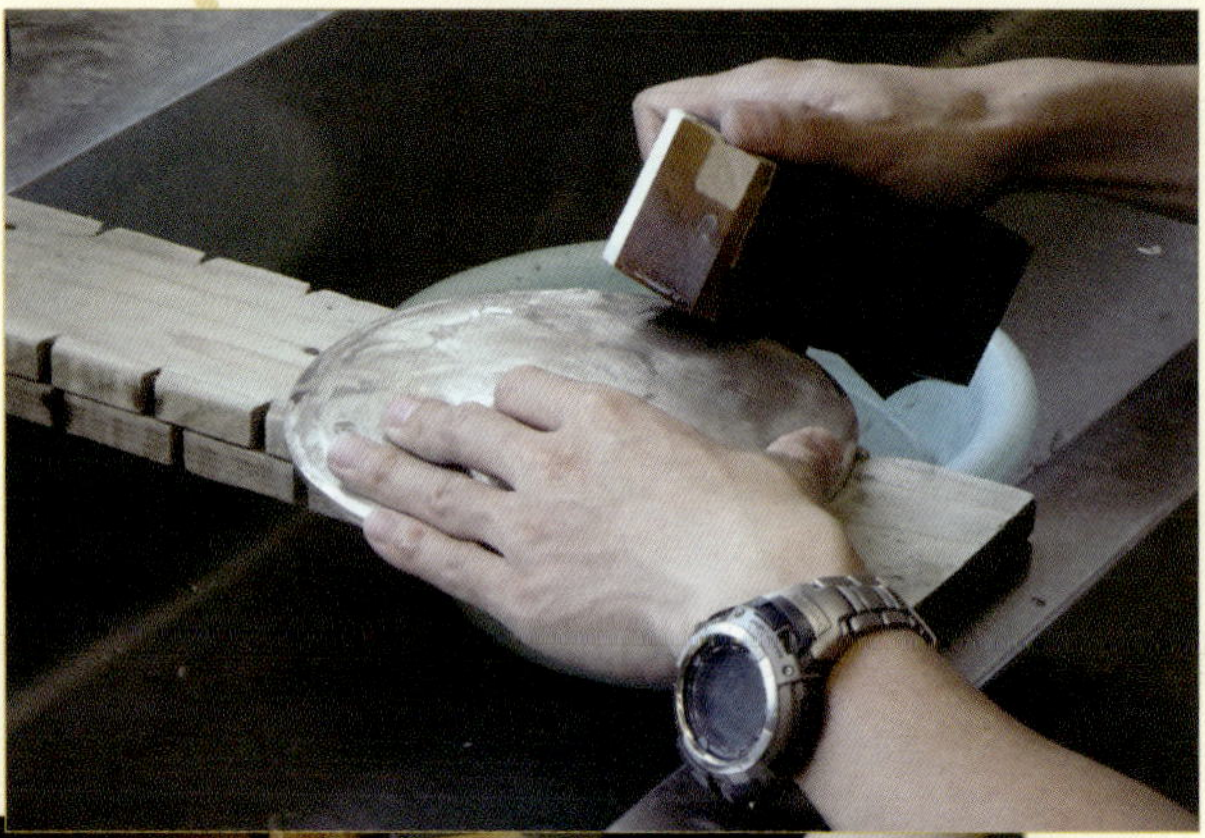

鏡面を耐水性紙ヤスリの番号（粗さ）を変えながらひたすら磨く。

根気よく鏡面を磨き、最後は市販の液体金属研磨剤を使って鏡面を仕上げる。

〈写真　山梨県立考古博物館（この項すべて）〉

「青銅鏡作り体験」について

山梨県立考古博物館では、博物館の見学者を対象に「青銅鏡作り体験」を行っている。青銅や青銅鏡の歴史について簡単な学習の後、鋳型作りから研磨までの工程を見学・体験できる（青銅を流し込む作業は危険を伴うため、職員による作業を見学）。所要約5時間。受付は5～8名の団体のみで、準備等の都合により1カ月以上前に予約が必要。また、体験内容は変更されることがある。問い合わせは、風土記の丘研修センター（電話：055-266-5286）まで。

山梨県立考古博物館
山梨県甲府市下曽根町923
電話：055-266-3881

体験の問い合わせ先

風土記の丘研修センター
山梨県甲府市下向山町1271
電話：055-266-5286

奥行きのある、澄んだ鏡面ができあがる！

しかし…！

じつは、できあがったあともお手入れが必要。鏡面は、脂やほこりで1カ月も経つとかなり曇ってきてしまう。そのたびにクレンザーや金属磨き粉で磨く必要がある。銅鏡は完成してからも手入れが欠かせない。

参考文献：
●雨宮加代子「考古博物館カルチャークラス「銅鏡づくり教室」での銅鏡の製作について」（山梨県立考古博物館・山梨県埋蔵文化財センター 2000年『研究紀要16』）
●米田明訓「博物館における青銅鏡作り体験の実際的方法」（山梨県立考古博物館・山梨県埋蔵文化財センター 2010年『研究紀要26』）

トピックス

三角縁神獣鏡のナゾ

古墳時代前期、日本列島の各地で、前方後円墳が築造された。それまでの弥生時代までは各地域でそれぞれ異なる墓制があったが、古墳時代になると、各地域社会のリーダーの墓が共通のかたちをとるようになる。一番典型的なものは、墳丘形態が前方後円墳で、後円部の内部に竪穴式石室をつくり、そこに亡きリーダーを埋葬するという方法であった。墓の形態だけではなく、副葬品も鏡を中心とした構成になってくる。そのなかで、ひときわ特徴的なあり方をしめすのが三角縁神獣鏡である。

三角縁神獣鏡は、縁の断面が三角形に仕上げられ、外区に鋸歯紋帯、内区は神と獣で構成される。紋様が全く同じになるような仕方でコピーされた、いわゆる同笵鏡（どうはんきょう）が多いのも特徴のひとつである。これまでにおよそ五〇〇面の三角縁神獣鏡が出土しているが、その出土地は日本列島に限られる。近畿地方の古墳には三十面を超す三角縁神獣鏡が大量副葬された古墳もあり、それと各地域の代表的な古墳との間に同じ紋様の鏡（同笵鏡）がそれぞれ分有されていることから、倭王権から下賜されたものとも、同盟関係を示すために配布されたものとも解釈されることもある。またいわゆる『魏志倭人伝』の中に記載のある、使者を遣わして朝貢した卑弥呼が魏から贈られた「銅鏡百枚」の実体を、三角縁神獣鏡と考える説もある。

どこで製作されたのか？

この三角縁神獣鏡がどこで製作されたものなのか、研究者の意見は一致しない。三角縁神獣鏡が大きく取り上げられるようになった、第二次大戦後の研究史をひもとくと、中国で製作された三角縁神獣鏡が日本列島に持ち込まれて各地に配布され、やがて数量がとぼしくなると日本列島製の三角縁神獣鏡が製作されたという学説と、すべてが日本列島で製作されたものであるという学説が提示され、解決しないまま対立して

三角縁神獣鏡（当初復元）

〈復元（原品は神奈川県白山古墳出土） 22.4cm／川崎市教育委員会蔵 I-1〉

三角縁神獣鏡の製作地をめぐる３つの説

1. 中国製と日本列島製の２種類がある
2. すべて日本列島製である
3. すべて中国製である

今までで
日本列島だけでしか
見つかっていない
鏡なんだ

いたことがよくわかる。

その後、平成になってそれまでの考え方とは異なる、すべての三角縁神獣鏡は中国製であるという学説が登場した。果たして、中国で製作されたものが日本列島でも製作されるようになったのか、すべてが日本列島製なのか、それともすべてが中国製なのか。

この問題に方法的にアプローチする議論の舞台は三つある。一つめは、図像や紋様の変化を丹念に調べる型式学的研究の検討の場である。二つめは、日本列島からのみ出土するという現象を検討する分布論的研究の検討の場である。三つめは、工人が鏡をどう作っているか復原的に考察する製作技術論的研究の検討の場である。

製作地のナゾへのアプローチ

型式学的な研究では、従来、いわゆる中国製とされる舶載三角縁神獣鏡と、日本列島製とされる倣製三角縁神獣鏡との間には、差異があるとされてきた。しかし、紋様の変化の連続性を重視して仔細に検討すると、両者をまたがって変化していく紋様がみられることから連続性が認められ、大きな断絶はみられないという意見が提出されるようになった。この検討の舞台では、三角縁神獣鏡は一体的に把握される。

分布論的な研究では、三角縁神獣鏡が日本列島からのみ出土するという現象が検討の対象となる。しかしこの事実は、三角縁神獣鏡がすべて日本列島製であるという学説を支持する以外にも、三角縁神獣鏡の製作目的が倭への特別な贈物として中国で製作されたものであるという〝特鋳説〟を援用すれば、当初の三角縁神獣鏡は中国製で、その後日本列島製の倣製三角縁神獣鏡が作られたという説も、三角縁神獣鏡はすべて中国製であるという説も、同様に支持し、否定することはない。

ということは、現実には、製品の分布論は製作地論争に寄与することは少なそうだという見込みがたつ。
ただし、製品ではなく鋳型の出土が明らかになれば、三角縁神獣鏡の製作地に関する相当有力な証左となるだろう。

カギを握る、鈕の孔のかたち

製作技術論的な研究では、近年多くの成果が上がっているが、もっとも特徴的なのは、鈕孔形態の問題である。鏡背の中央には半球形の突起があって、その中には孔が貫通している。ここに紐を通すことで、紐を手元で絞って鏡を保持できるのであるが、この孔が問題であった。
鋳物に孔を通すには、粘土を素焼きにした中子（なかご）を、鋳型の中央の半球形の窪みにかけて、湯とよばれる溶解した金属を流しこんだ後に、冷めた鏡の鈕に埋め込まれた中子を破壊すると、空間ができるという仕方で作ることになる。この中子、ほとんどの中国鏡では、その断面形態が円形であった。したがって当然であるが、鈕孔の口部分の形態も円形となる。しかし三角縁神獣鏡では、鈕孔形態が長方形となるものがある。工人の意識的な造作なのか、無意識の癖のようなものが表れているのか判然としないが、他の中国鏡と三角縁神獣鏡ではここに明確な違いがある。そしてこの長方形の鈕孔形態が、三角縁神獣鏡以外でみとめられるのが、魏鏡とよばれる、三国時代の魏で製作された鏡なのである（六二ページ参照）。長方形の鈕孔形態は、三角縁神獣鏡＝魏鏡説の有力な材料である。

中国の魏（220～265年）で作られた雲紋鏡の鏡背中央の鈕の部分写真。中国鏡では突起に開いた孔は円形や半円形が主流だが、これは長方形をしており、三角縁神獣鏡の孔の形と類似している。

東京大学大学院総合文化研究科・教養学部駒場博物館蔵

三角縁神獣鏡の製作地を考えるために、大きくは三つの検討のステージがあることを紹介したが、そこでの検討がひとつの結論に帰結して多くの研究者が納得する、というような段階にはまだ至っていない。鋳型が出土するような大発見を迎えるまでは、これらの検討のステージで緻密な研究を積み上げるしかないというのが現状だ。固定観念に囚われることなく、〝三角縁神獣鏡のナゾ〟と付き合わなければならない。

（新井 悟）

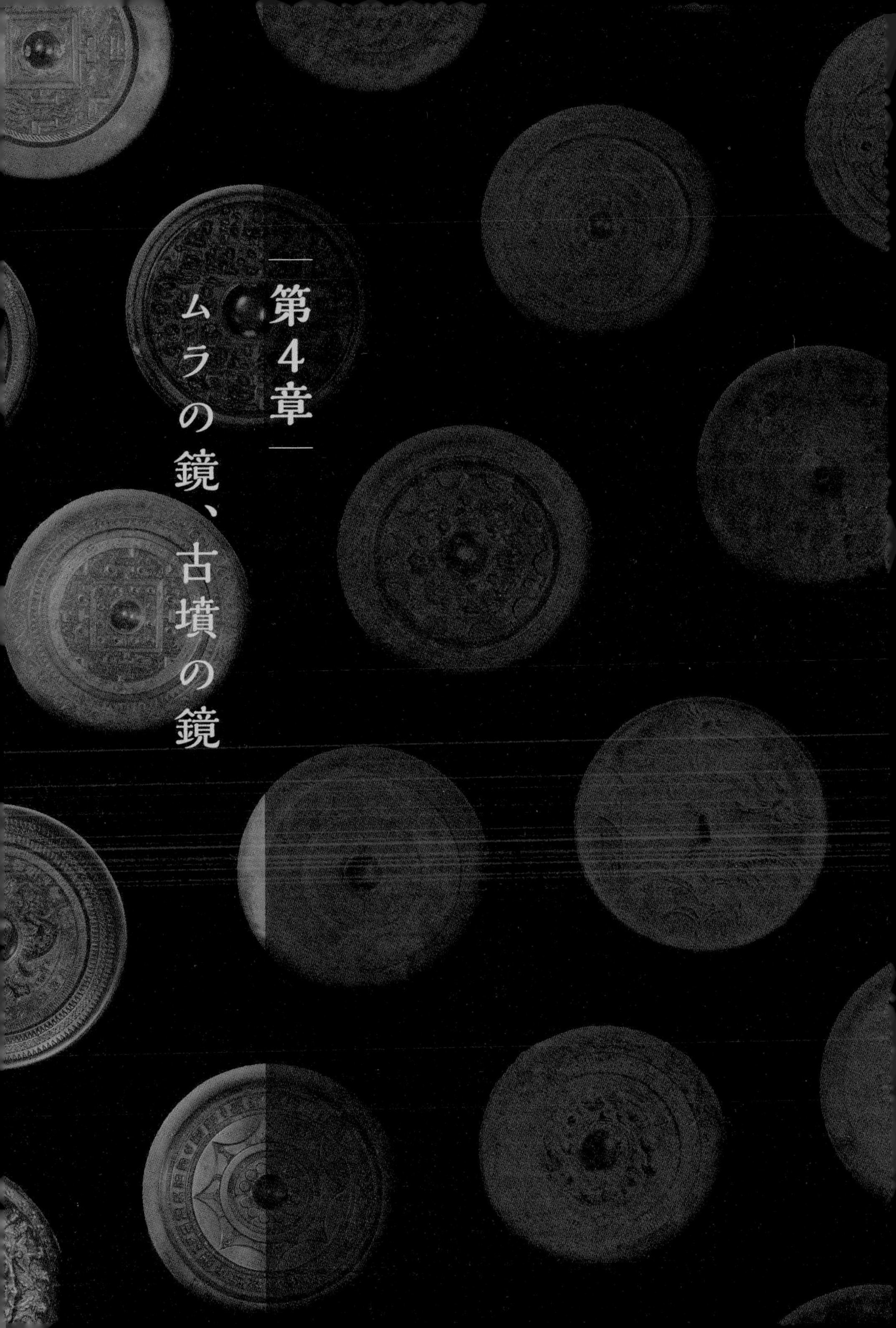

第4章 ムラの鏡、古墳の鏡

ムラと古墳、鏡の役割は？

　前章で取り上げたような超大型倭鏡は、絶大な権威を誇った大豪族が保有するものだった。しかし倭人社会はそれだけではなく、デザインを簡略化したり、直径を変えたりして、大中小の倭鏡を生み出していった。そして、各地域の豪族たちにその鏡が贈与され、一部はムラの祭りでも使われていた。

半数ちかくがムラから出土する「鏡」

　ムラでは、水辺の祭りで神に鏡を奉納したり、ムラを廃絶する時に竪穴住居の中に鏡を埋めることで地霊の再生を願ったり、人びとと神を結びつける媒体としてその呪術性が展開した。

　この章では、神奈川県および東京都から出土した鏡を取り上げるが、弥生時代の遺跡から出土したものは三面で、古墳時代の遺跡から出土した鏡が圧倒的に多い。これを、古墳と集落などのムラに関係した遺跡に二分すると、半数近くがムラの鏡である。古墳出土鏡のなかには地位の高い首長でしか所有できないような鏡式が含まれるが、数だけでいうと、この地域では、鏡と言えば古墳から出土するものという常識が実は成り立たない。

　古墳における鏡の役割以外に、ムラにおける鏡の存在にも注目する必要がある。

「ムラの鏡」のもつ呪術的な役割

　ムラの鏡のあり方を探るのは難しい。使用後の状態で発見されるので、使い方を推測する手がかりが少ないからである。しかし出土場所と、とくに手厚く取り扱われた事例をみると、鏡の役割がみえてくる。

　出土場所は、竪穴住居と水辺に大きくわけられる。竪穴住居跡の事例では、田端不動坂《たばたふどうさか》遺跡（東京都北区）が注目される。ここでは廃絶された住居跡の柱穴のなかに一〇〇点を超す玉類とともに丁寧に埋納された様子が確認された。一般に竪穴住居跡出土の鏡は単に廃棄されたものと認識されることがあるが、鏡が神器であった場合、これを地中に埋めるのは地霊の再生にかかわる呪術的宗教儀礼と考えられる。また、水辺から出土した事例は、神への奉納と考えられる。

豪族の死後もパワーを期待された「古墳の鏡」

古墳の鏡は、鏡式も大きさも多様である。古墳時代の豪族は政治的なリーダーであると同時に、宗教的な権威でもあったと考えられる。その豪族が所有する鏡の大きさは、倭王権からの格付けをあらわすとともに、豪族の霊力の強さをも示した。

その死後、亡き豪族とともに古墳に副葬された鏡は、神器としてその首長の亡骸《なきがら》を邪悪なものの侵入から守ることを期待された。それにより豪族の霊力は死後も保持され、その霊力によって現世の生活を守護してもらうという願いが込められたと考えられる。鏡は、古墳に納められてからも、その力を発揮したのである。

（新井 悟）

多摩川下流域の古墳群

4世紀から7世紀にかけ、多摩川下流域の台地上には大小の古墳が築かれた。この流域の治水・灌漑事業を通して成長した豪族が畿内の大和政権との結びつきを強めていく。その様子は古墳に副葬される鏡からもうかがうことができる。写真奥が多摩川上流方向。河岸右手の緑地帯は、宝萊山古墳（>>>P102）をはじめとする、田園調布古墳群。

ムラの鏡

東日本最古級！弥生時代の鏡

割れた部分は丁寧に研磨。割れた後も大切に使っていた？

割れても
使われていたなんて、
よっぽど大切
だったんだな

弥生《やよい》時代《じだい》小《こ》形《がた》仿製鏡《ぼうせいきょう》

〈弥生時代後期中頃 大場第二地区遺跡群No.2地区YT－10住居跡 5.7cm／日本窯業史研究所保管 Ⅴ-1〉

横浜市青葉区の弥生時代の住居遺構から出土した小形仿製鏡。弥生時代に作られた小形仿製鏡としては最終段階に相当する。連弧紋が線で描かれ、割付は3単位分あるが、2単位しかない。出土遺構は弥生時代後期中頃で、東日本では最古クラスである。鏡の割れ口は丁寧に研磨されており、割れた後も（あるいは意図的に割ったものか？）使い続けたとみられる。

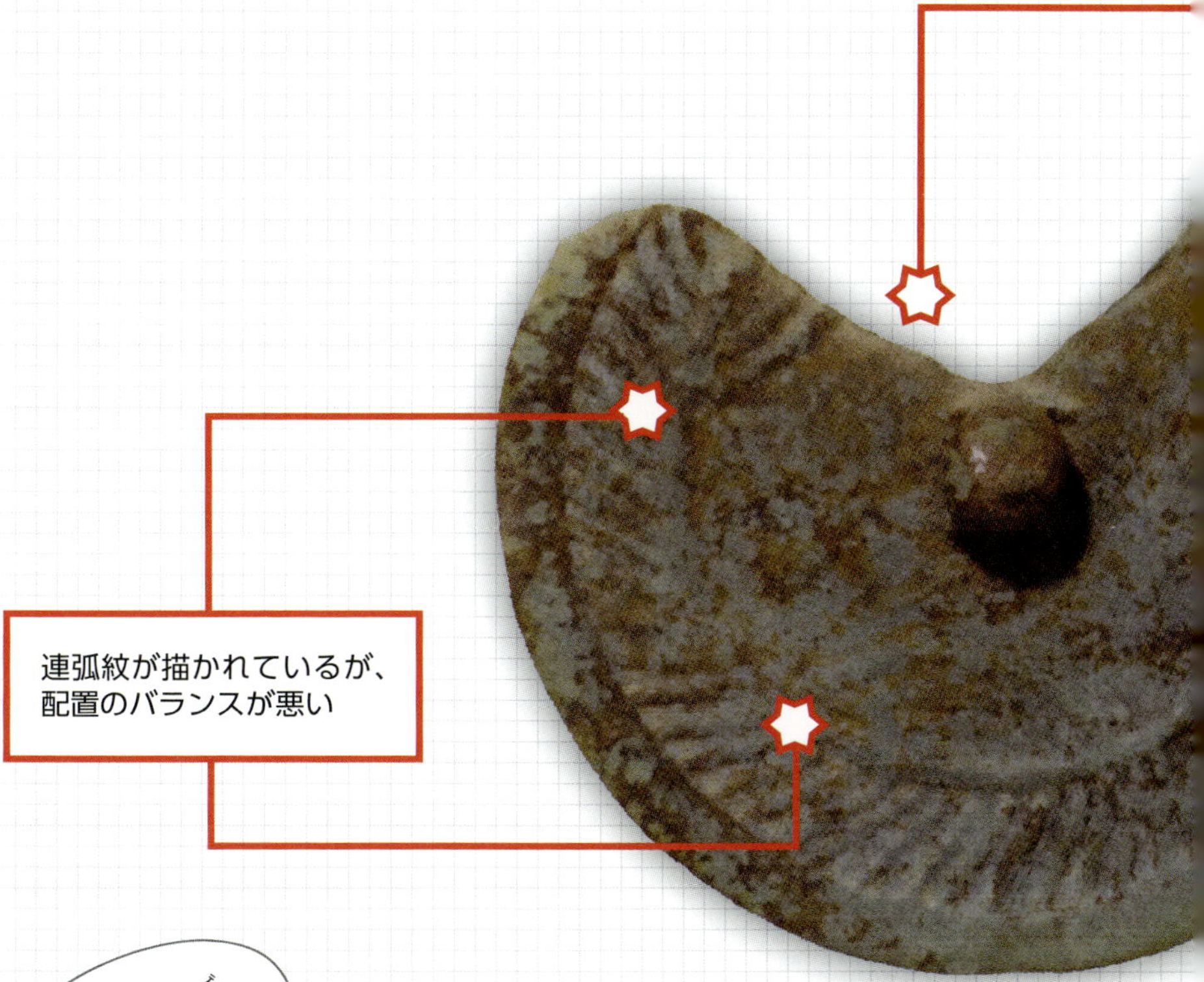
連弧紋が描かれているが、
配置のバランスが悪い

フリーハンドで
一所懸命作った？

ムラの鏡

鏡を吊した？二つの孔がある鏡

鏡を吊り下げるための孔か？

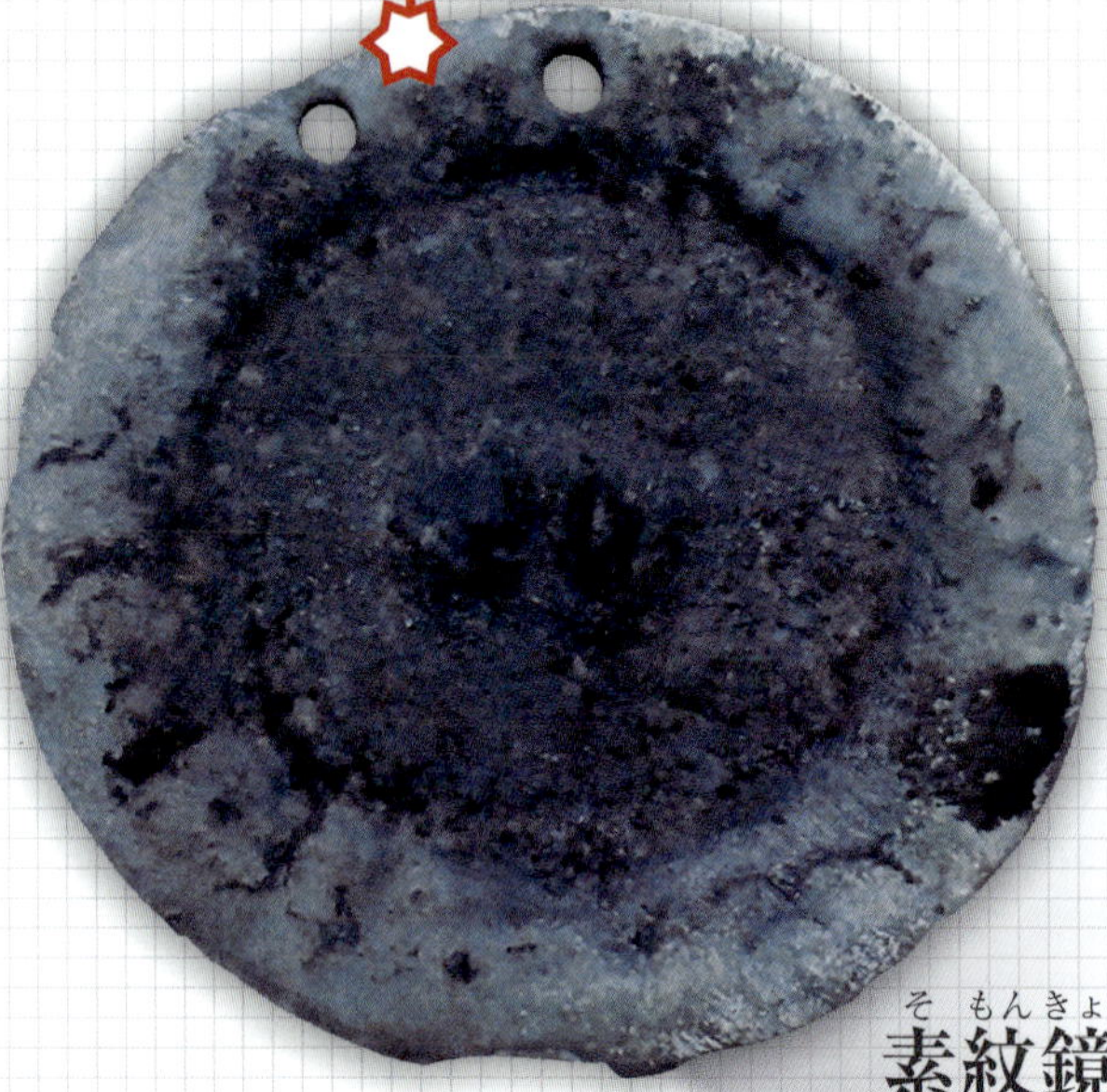

素紋鏡《そもんきょう》

〈弥生時代後期 宇津木向原遺跡4区5号住居跡 5.9cm／八王子市郷土資料館蔵 V-2〉

鏡に開けられた2つの孔は、祭儀の場で、鏡を懸垂するために設けられたものであろう。鏡の鏡面が太陽の光をうけて輝き、首に懸けたのか、あるいは神の依代となったのか、ムラの祭りで使われたと考えられる倭鏡である。

ムラの鏡

古墳時代の住居跡から出土

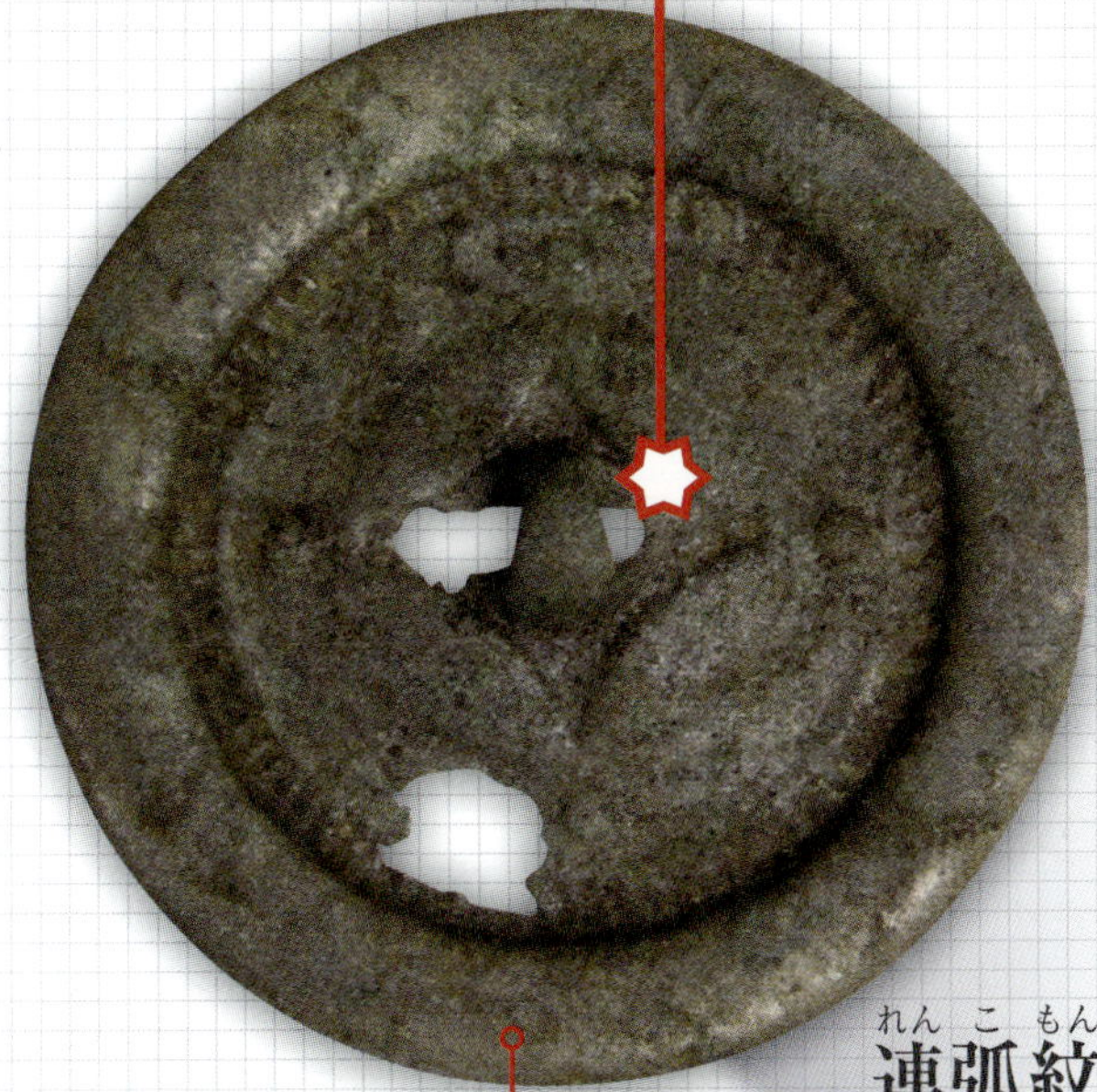
4つの連弧紋

連弧紋鏡《れんこもんきょう》

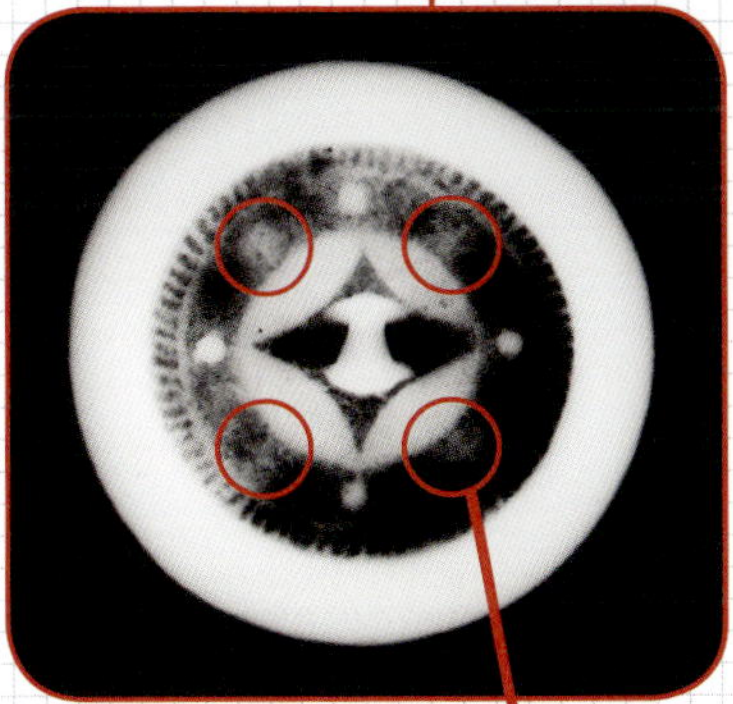
乳の間に記号のような紋様が見える

〈古墳時代 舘町515号遺跡20号住居
7.8cm／八王子市郷土資料館蔵 V-8〉

4単位の連弧紋の外側の、幅広の紋様帯には4乳があり、その間は無紋にみえる。しかしX線写真撮影で、そこに記号があることがわかった。櫛歯紋帯がやや斜行ぎみである。

ムラの鏡

古墳時代の「家じまい」？
埋納された鏡

珠紋鏡《しゅもんきょう》

〈古墳時代 田端不動坂遺跡第17地点第2号土坑 5.6cm／北区飛鳥山博物館蔵 V-9〉

田端不動坂遺跡（東京都北区）の古墳時代の土坑から、多くの玉類とともに出土した鏡。その出土状況から、集落を廃絶するときに、それまで祭祀に使用されてきた道具類が一括して埋納されたとみられる。鏡は、内区の内側の圏にそった小さな珠点から、旋回しながら放射状に弧線がのびる。珠紋鏡と分類したが、現存する資料群のなかでは類例のない紋様である。

江戸の文書に記録された、類似の古鏡

田端不動坂遺跡から出土した珠紋鏡は、現存する資料群のなかではほかに類例を見ない紋様だが、江戸時代の古宝物図録集である『集古十種』に似たような紋様をもつ古鏡が記録されていた。『集古十種』は、老中として「寛政の改革」などを推し進めた松平定信（1758～1829）が編纂したもので、全国各地の古宝物を模写したもの。なかには古墳から発掘したとおぼしき古鏡もあり、貴重な考古学資料も含まれている。この図は「参河国（三河国・現愛知県）鳳来寺鑑堂蔵鏡図」とされており、古鏡の来歴は不明だが、類似の紋様をもつ鏡が、どのような出土状態であったのか興味がつきない。

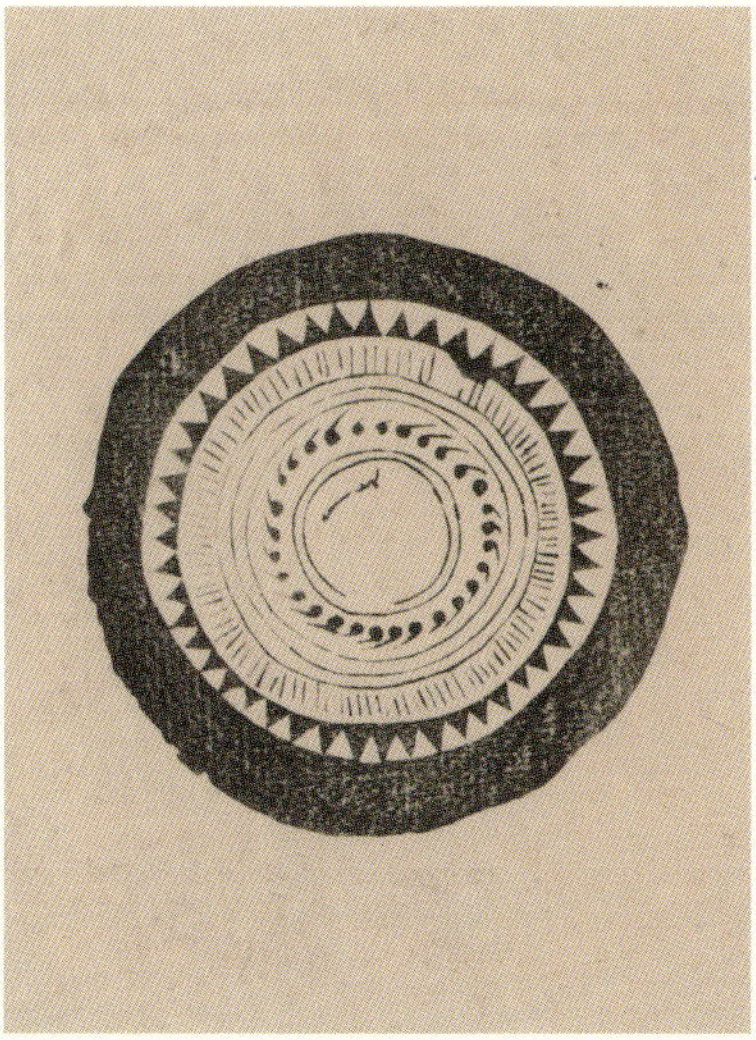

国立国会図書館蔵

松平定信『集古十種』に記録された古鏡。

出土した珠紋鏡の紋様

新井悟　2002年「東京都北区田端不動坂遺跡の鏡埋納遺構」『日本考古学』第13号より転載

ムラの鏡

鏡出土の瞬間！ 田端不動坂遺跡と埋納品

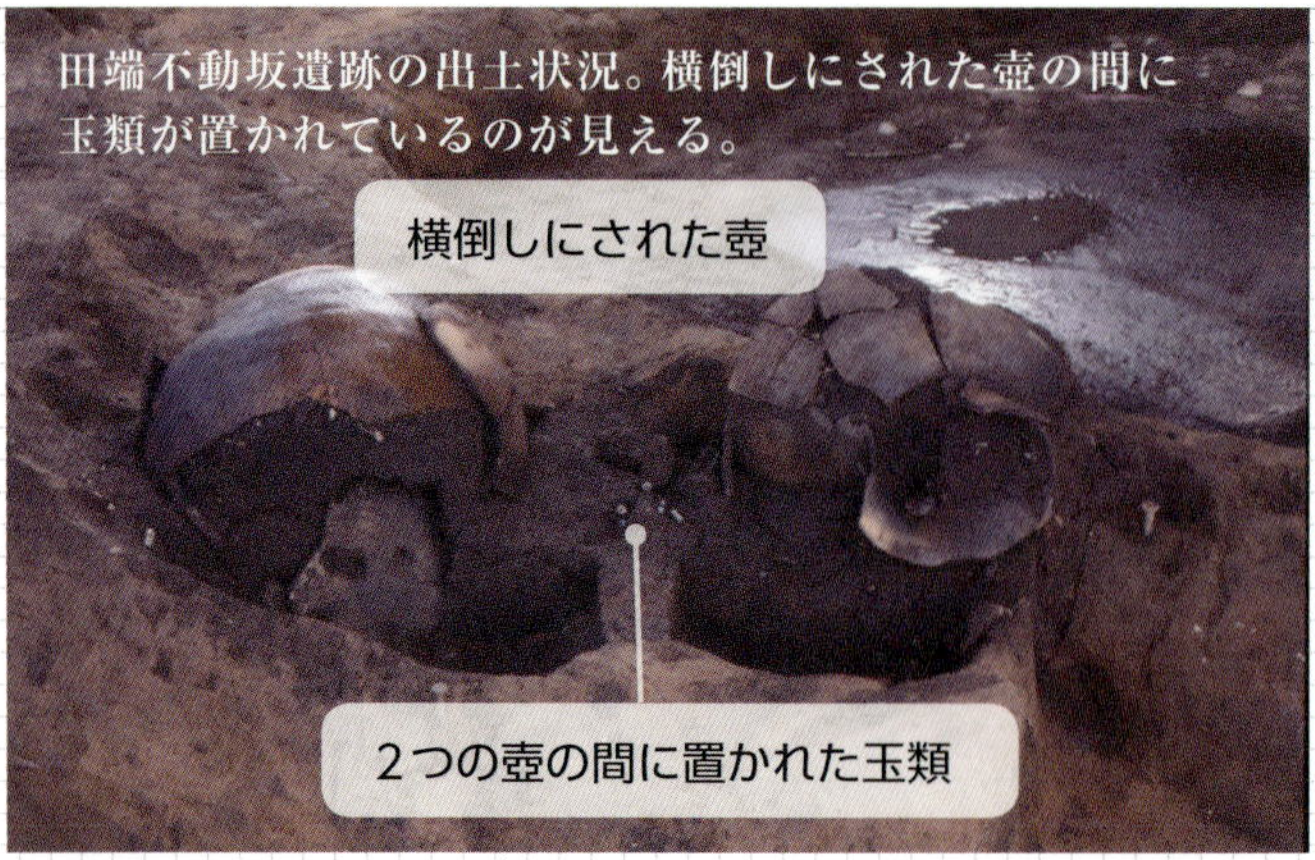
横倒しにされた壺
2つの壺の間に置かれた玉類
田端不動坂遺跡の出土状況。横倒しにされた壺の間に玉類が置かれているのが見える。

当時、鏡は貴重品だったろうに、引っ越し先には持っていかなかったんだね
その土地の神様に捧げたのかもしれないね

田端不動坂遺跡（東京都北区）は、眼下に東京低地が広がる武蔵野台地の高台に位置する遺跡である。弥生時代後期後半・古墳時代前期後半および七世紀後半から十世紀前半にかけての集落跡などが、主な遺構として見つかっている。古墳時代の住居跡は約四軒見つかっているが、そのうちの一つの土坑から打ち欠かれた土器類とともに鏡や玉類が出土した。

土坑は、住居の柱穴などに使われた穴を利用したとみられ、鏡一面のほか、勾玉、管玉《くだたま》などを含む玉類一四一点、土師器《はじき》八点、砥石《といし》一点が、まとめて埋められていた。

田端不動坂遺跡周辺では、古墳時代前期後半に集落関連遺跡が途絶え、それ以降、集落が再び現れるのは七世紀後半段階である。この遺構は、古墳時代に何らかの理由で集落を廃絶しなければならなかった当時の人びとが、それまで祭祀に使用してきた道具類を一括して地中に埋めるという地鎮のような儀礼を行った跡と読み取ることもできる。

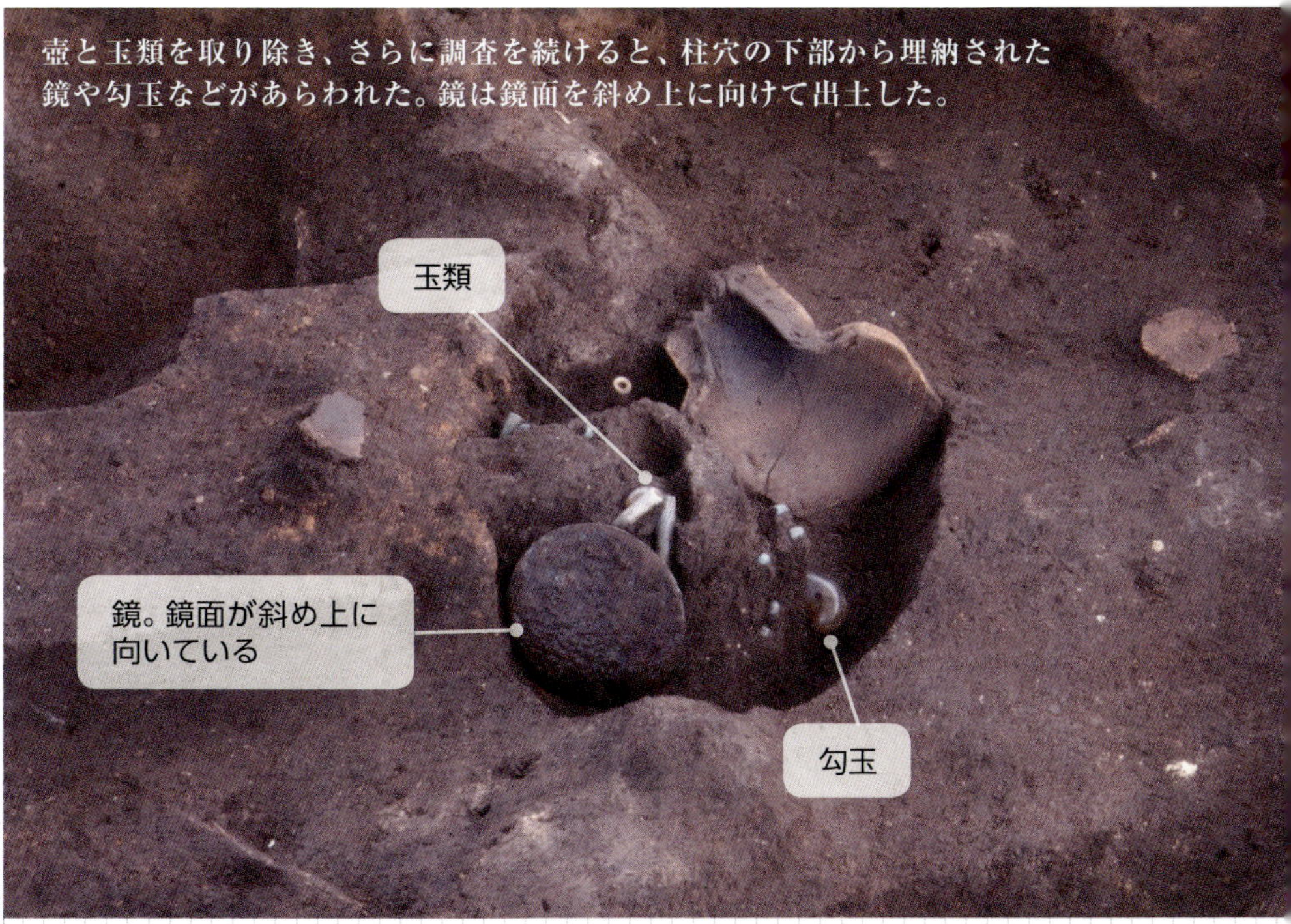
壺と玉類を取り除き、さらに調査を続けると、柱穴の下部から埋納された鏡や勾玉などがあらわれた。鏡は鏡面を斜め上に向けて出土した。
玉類
鏡。鏡面が斜め上に向いている
勾玉

写真　北区飛鳥山博物館（2点とも）

出土状況から推定した埋納の方法

住居の柱穴などに使われていた穴に鏡と玉類の入った容器を置く

↓

粘土でまわりを固めて容器の上まで埋める

↓

そこに砥石と底部および口頸部を打ち欠いた壺を2個、
横倒しにして置き、穴全体を埋め戻す

ムラの鏡

古墳時代の祭祀に用いられた鏡

珠紋鏡《しゅもんきょう》

〈古墳時代 勝坂有鹿谷祭祀遺跡
6.6cm／相模原市立博物館蔵 V-14〉

大量の祭祀遺物とともに出土した倭鏡である。鏡背は円盤状に平板で、三角形の単位が大きい鋸歯紋が外側にめぐる。他の鏡もふくめて、倭鏡としては新しいものである。

櫛歯紋鏡《くしばもんきょう》

〈古墳時代 勝坂有鹿谷祭祀遺跡
3.6cm／相模原市立博物館蔵 V-15〉

本来圏と圏の間に櫛歯紋が収まるように鋳型に紋様が刻まれるが、本例では櫛歯紋が放射状に飛び出してやや粗く描かれる。

破片であるが、復元すると獣形紋を6単位配置したものと推測される。平板な作り、乳による区画のない内区、退化した獣形紋が特徴的である。

六《ろく》獣《じゅう》形《けい》紋《もん》鏡《きょう》

〈古墳時代 勝坂有鹿谷祭祀遺跡
7.0cm／相模原市立博物館蔵 V-16〉

珠《しゅ》紋《もん》鏡《きょう》

〈古墳時代 勝坂有鹿谷祭祀遺跡
4.5cm／相模原市立博物館蔵 V-17〉

V-14よりも簡略化が進んだ珠紋鏡である。内区に珠紋が1列めぐるだけである。倭鏡の鈕は半球形であるが、本鏡は橋状の鈕をもつ。

勝坂《かっさか》有鹿《あるか》谷《やと》祭祀遺跡

神奈川県相模原市南区の有鹿谷で、昭和30年頃、土地所有者による水田改良の際に発見された祭祀遺跡。遺物は、鏡7点のほか、子持勾玉、石製玉類、石製祭具、土師器など304点。遺物の年代は5世紀前半から7世紀前半とみられ、古墳時代における祭祀の様相及び変遷を示す貴重な資料。遺物の発見地周辺は湧水の流れる谷であった。水田を潤す水源として古くから崇拝されている土地だったのであろう。

現在でも
地元の神社では、
水にまつわる神事が
行われているんだ

古墳の鏡

同じ古墳なのに、違いが際立つ

白山古墳（神奈川県川崎市）は四世紀の築造と推定される前方後円墳で、当時、多摩川下流域を支配していた豪族の存在をうかがわせる。後円部に木炭槨（かく）一基と粘土槨二基が、前方部に粘土槨一基があり、ひとつの古墳に複数の被葬者が埋葬されていた。この槨からは計五面の鏡が出土しているが、鏡の大きさや製作地と棺の規模に相関関係があることが特徴的だ。

後円部木炭槨

中心の最も大きな棺に副葬された2面は、ともに中国鏡で、面径も5面中1位と2位のものである。

三角縁天王日月四神四獣鏡

畿内の倭王権から与えられたとみられる鏡。22.4cm。V -22

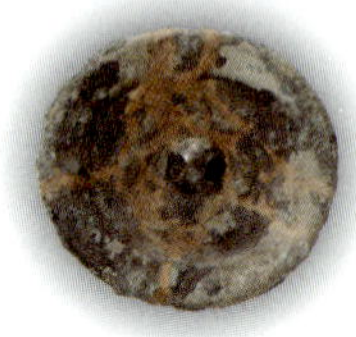

連弧紋鏡

中国製（後漢）の連弧紋鏡。10.3cm。V -23

後円部北粘土槨

後円部の2番目に大きな棺には、やはり2面が副葬されたが、ともに倭鏡で、面径も5面中3位と4位のものである。

珠紋鏡

小型の倭鏡。7.5cm。V -24

捩紋鏡

左とは紋様が異なる倭鏡。6.5cm。V -25

後円部南粘土槨

白山古墳

前方部粘土槨

前方部の小さな棺には5面中5位の大きさの倭鏡が副葬された。

櫛歯紋鏡

簡素な紋様で、直径4.4cm は倭鏡として最小クラス。V -26

白山《はくさん》古墳

神奈川県川崎市幸区南加瀬の台地上に存在した、全長87mの前方後円墳。開発で削り取られてしまったため、現存しない。1937（昭和12）年、慶應義塾大学によって発掘調査が行われ、5面の鏡のほか、多数の副葬品が出土した。三角縁天王日月四神四獣鏡（V -22）は、畿内の倭王権から分け与えられたもので、当時の中央と地方豪族との結びつきをうかがわせる。

三角縁《さんかくぶち》天王《てんのう》日月《じつげつ》四神《ししん》四獣《しじゅう》鏡《きょう》

〈魏 白山古墳後円部木炭槨 22.4cm／慶應義塾大学文学部考古学研究室蔵 V-22〉

内区に四神四獣、獣紋帯の方格に「天王日月」の銘がある。「天王」は詳細不明だが、初期道教の影響も指摘できる。倭王権から多摩川下流域の豪族に贈与されたものである。当初復元は P11 参照。

珠紋鏡《しゅもんきょう》

〈古墳時代 白山古墳後円部北粘土槨 7.5cm／
慶應義塾大学文学部考古学研究室蔵 V-24〉

小型倭鏡であるが、鋳上がりが鮮鋭である。珠紋が2列になってめぐり、その内外に独立した圏があり、紋様帯を構成する。珠紋鏡としては、初期の製品である。

連弧紋鏡《れんこもんきょう》

〈後漢 白山古墳後円部木炭槨 10.3cm／
慶應義塾大学文学部考古学研究室蔵 V-23〉

紋様の表出が悪く、また割れた状態で出土したために修補が多く観察がしづらいが、鏡がしめす特徴から、明らかに中国製の連弧紋鏡であることがわかる。

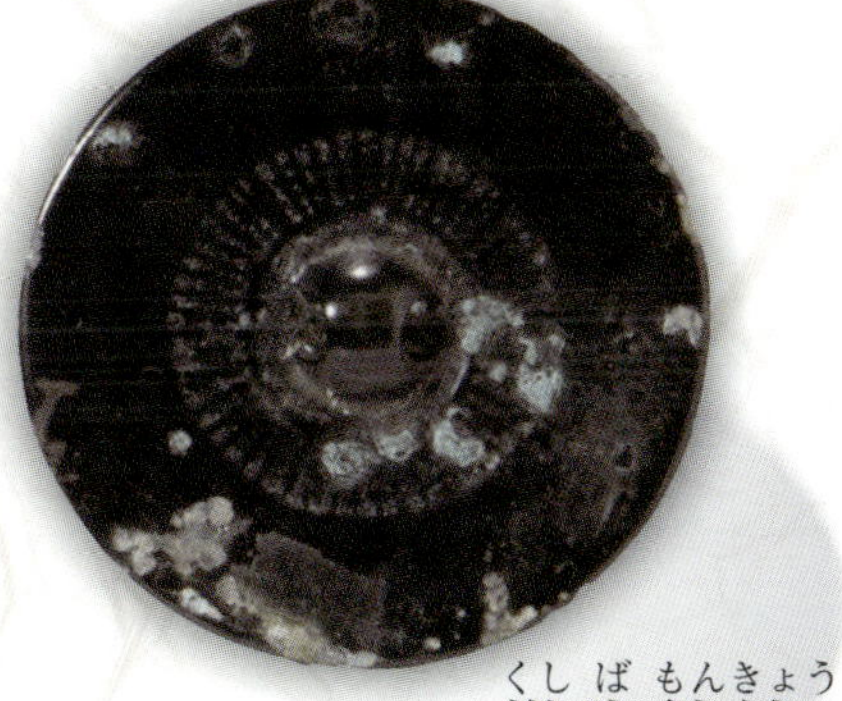

櫛歯紋鏡《くしばもんきょう》

〈古墳時代 白山古墳前方部粘土槨 4.4cm／
慶應義塾大学文学部考古学研究室蔵 V-26〉

内区の紋様がすべて省略され、櫛歯紋帯のみとなった、最小クラスの倭鏡である。ひとつの古墳内であっても、後円部の被葬者と前方部の被葬者の間に歴然とした差がみられる。

捩紋鏡《ねじもんきょう》

〈古墳時代 白山古墳後円部北粘土槨 6.5cm／
慶應義塾大学文学部考古学研究室蔵 V-25〉

4乳で区画された各区に、捩紋をいれる。後円部でも、木炭槨より規模の小さい北粘土槨では、鏡も小さい。

古墳の鏡

四体の獣を描いた "国産" の鏡

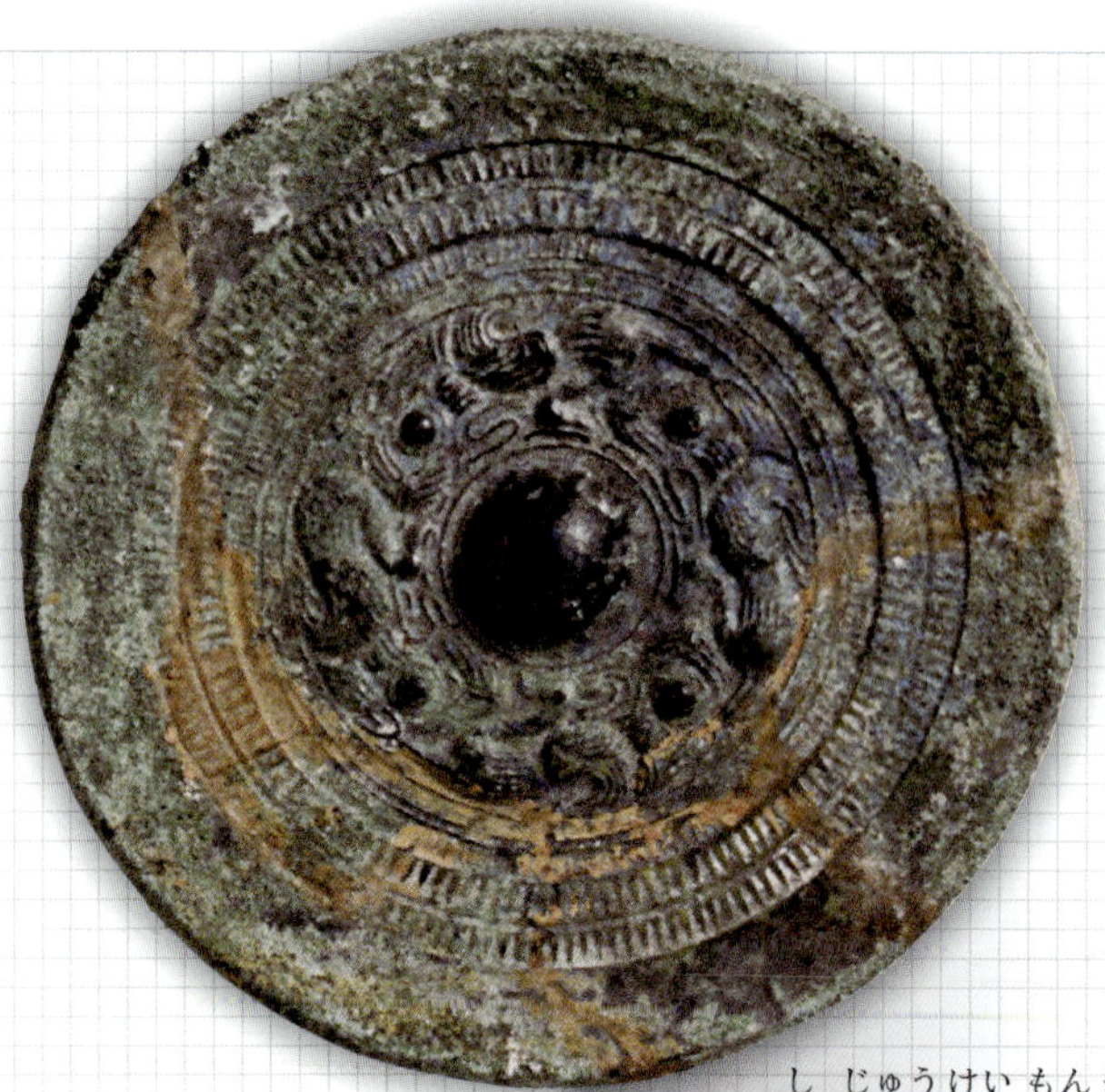

四獣形紋鏡《しじゅうけいもんきょう》

〈古墳時代 宝莱山古墳 12cm／慶應義塾大学文学部考古学研究室蔵 V-28〉

4乳で区画された各区に、鳥首をもつ獣形紋をおく。前脚・後脚・尾の表現が明瞭であり、獣形紋鏡としては初期の製品である。3つの乳には、鼉龍紋状のものがめぐる。

宝莱山《ほうらいさん》古墳

東京都大田区田園調布にある、全長97mの前方後円墳。多摩川を見下ろす台地の上に築かれた。戦前の宅地造成で後円部が失われ、その際、粘土槨の埋葬施設が発見された。多摩川下流域でも最古の前方後円墳で、この地を治めた初期の豪族の墓とみられる。

古墳の鏡

赤色の顔料がついた鏡

連弧紋鏡《れんこもんきょう》

〈古墳時代 扇塚古墳 8.5cm／大田区立郷土博物館蔵 V-29〉

5単位の連弧紋とその余白に珠点を充填した、典型的な倭鏡である。凹部に付着した赤色顔料は首長の亡骸に撒かれたものであろう。発色から朱である可能性が推測される。

扇塚古墳《おうぎづか》

多摩川下流の出現期古墳で、4世紀初頭の東京都内最古の古墳とみられるが、20世紀後半に開発されたことを原因として記録保存され、現存しない。連弧紋鏡のほか、素文鏡や鉄剣なども出土した。

トピックス

鈴鏡を復元する

古墳時代の鏡には、単に姿を映すというだけにとどまらない、不思議な鏡が存在する。鏡の周縁に4～10個の鈴をつけた「鈴鏡（れいきょう）」だ。中国鏡にも例を見ない、日本独自の鏡で、古墳時代中～後期の限られた時期に製作された。鈴鏡の復元作業を通じて、その謎に迫る。
（監修　雨宮加代子）

鏡部分の直径は11.4cm、鈴の直径は1.9cm、鏡の重量は244g。保存状態はとてもよく、鈕の部分に若干のヒビがみられる。鏡背も鏡面も、かなり広い範囲で地金の白銅色がみられる。写真は複製品。

山梨県三珠大塚古墳出土の鈴鏡

鈴鏡とは何か？

鏡の機能は「顔や姿を映す」ということが第一だ。古代の祭礼などでは、「光を反射する」という機能も重視されたかもしれない。だが、古墳から出土する鏡にはもうひとつの機能をもったものがある。鏡のまわりに鈴が付いている「鈴鏡」と呼ばれるものである。

鈴鏡は「顔や姿を映す」ほかに「音を鳴らす」という機能をもった鏡だ。

古墳の人物埴輪のなかには腰に鈴鏡を着けている巫女埴輪がある（例えば、栃木県小山市飯塚三十一号墳や群馬県太田市塚廻り三号墳出土のものなど）。このことから、鈴鏡は、巫女という特殊な業務に携わる女性たちが何らかの目的で携帯し、使用していたものと考えられる。

古墳時代の鏡が、どのような人物にどのように使用されてきたのかはよくわかっていない。ただ、鏡というものが、最終的には古墳に祭祀的な意味をもって埋納されるものであったとしても、鈴鏡だけは古墳に埋納される以前には、巫女たちがその業務に関連して使用していたのは明らかだろう。

また製作使用された時代も、五世紀後半～六世紀前半に限定されており、その上、東日本から数多く発見されているという点、そして鈴鏡の紋様には時代をさかのぼった「先祖返り」ともいえるような連弧紋鏡や神獣鏡などの古いモチーフがみられるという点も、興味深いところである。

鈴鏡はどのように作られたか？

現時点で国内から鈴鏡の鋳型が発見された例はなく、正確な鋳造方法はわからない。そこで、山梨県立考古博物館では、鈴鏡の鋳造方法を論理的に検討した上で、製作実験を行った。具体的には、山梨県内で唯一存在（現存）している三珠大塚古墳出土の鈴鏡を復元するという試みである。

鈴鏡の復元にあたり、「鈴鏡は一度の鋳造で製作されたものなのか？（鈴は後付けではないか？）」「鈴の中の丸（がん：鈴を鳴らすため中に入れる部材。現代の鈴では金属製の丸が使われていることが多い）には何が使われているのか？」などの疑問点をクリアしておかなければならない。そのため、東京・山梨・群馬・名古屋などから出土した５点の鈴鏡の調査・観察を行った。

前者については、鈴の部分が後付けされた様子はうかがえなかった。鈴鏡は一度の湯入れ（溶解した金属を流し込むこと）で鋳造されたものとみられる。

鈴の中の丸も確認できたものについては、楕円形の自然石が使われているようであった。状態のよい鈴鏡だと、実際に振ると現在でも音がするものがある。「シャラシャラ」、「カラコロ」など、中の丸が重なり合って、まさに「鈴」の音が聞こえる。この音の違いは、鈴の中に入っている丸の大きさや、鈴の部分の金属の厚さによると思われる。

鈴が後付けされたものでないとすれば、鈴鏡は一度で鋳造されたことになる。そうなると、「一度の湯入れの過程で、どのような方法で鈴口よりも大きな石を鈴内部に残せたのか？」という疑問が湧いてくる。

一般的に鋳物で空洞部分を作るには、鋳型の空洞にしたい部分に「中子」というものを設置する。鋳型に中子を置くことにより、外枠と中子の隙間に青銅が流れ込む。あとでこの中子を取り除けば、空洞が完成するというわけである。

しかしこの隙間部分を一定の厚みにするには、中子を適切な位置に確実に固定する必要がある。そのため、鋳型と中子の間に「型持（かたもち）」というスペーサーを設定する。完成した鋳物を見ると、この型持部分には青銅が入らないため、必ず穴となって残る。最も知られている型持穴は、弥生時代の銅鐸に頻繁に見ることができる。

鈴鏡の場合、鏡の部分は一般の青銅鏡と変わらない。問題は鈴の部分である。鈴の型持穴は「鈴口」である。鈴口の空間部分を埋めた型持で鈴の中子を支えたと考えるのが妥当だろう。鋳型の鈴の部分の直径より３～4mm小さい球体を形作り、この中に自然石を封入しておく。球体の「赤道」にあたる部分に鈴口の幅と厚さに合った鍔を付け、鋳型にひっかけるように置けば中子が完成する。

トピックス

鈴鏡製作の流れ

◆鋳型を作る◆　今回は山梨県立考古博物館所蔵のレプリカを基型（鋳型を取るもとになる型）として鋳型を取る「踏み返し」という方法を用いた。

まず木枠にレプリカの鈴鏡を据え、砂（炭酸ガス硬化砂）を充填する。基型の鈴の開口部には、中子の「型持」かつ鈴の開口部となるツバ状の部品を硬質ウレタンで鈴の数だけ作り、あらかじめ鈴にはめておいた①。砂が硬化したところで基型を取り外す②。このとき、鏡背面、鈴、型持、いずれの鋳型も崩れないよう、衝撃を与えず慎重に行う必要がある。

◆中子の設置◆　鈴の部分の空洞を作るために、中子を設置する。中子には、鋳物砂を固めたものを使うこととした。まず硬質ウレタンで鈴の開口部の「型持」部分も加えた基型を作り、その石膏型を製作。そこに鋳物砂と丸となる小石を詰めて押圧し、炭酸ガスで硬化させて中子とする。

鈴の中子の設置は、「型持」がそれぞれの鈴の端に引っかかって鈴の「開口部」となるよう、また鈴木体の器壁が均一になるような「中心」に中子が据わるよう、紙ヤスリや竹ベラなどで調整を加える。鈴の窪みの「中心」に中子が設置されていないと鈴の器壁の不均一による割れや変形、湯が行き渡らないことによる欠損が生じるので、一番慎重を要する作業となる③。

中子の位置が決まったら、湯口やガス抜き孔を削り出す。鋳型の設置方向は鏡背面を上にした横置きとし、複雑な器形でも短時間で隅々まで均等に湯が行き渡るよう湯口は鈕の上部に設定した④。

◆湯入れ◆　青銅の原料となる銅や錫は、当時の青銅鏡の成分に近づけつつ、青銅合金としての強度

①型持を鈴の開口部にはめる。これを基型とする。

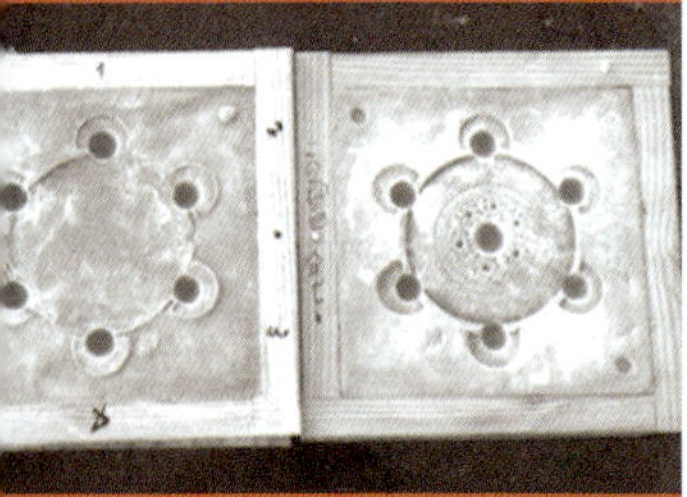

②砂が硬化したところで、基型を取り外す。これが鋳型となる。

③中子の設置。小石の入った部分と型持がついた鋳物砂の中子を鋳型に引っかけるように設置。

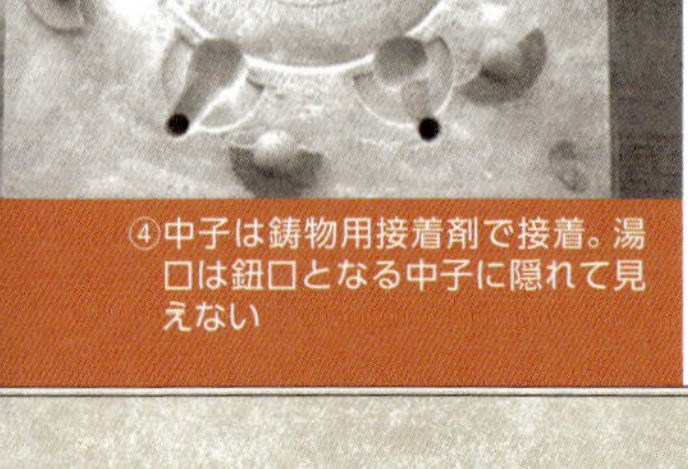

④中子は鋳物用接着剤で接着。湯口は鈕口となる中子に隠れて見えない

⑤溶けた青銅を流し込む、湯入れ。

⑥鋳型を開けたところ。これより周囲の砂を除去する。

⑦ワイヤーブラシによる砂の除去。

⑧鈴の部分の壁の厚さにムラがあると、研磨中に破損してしまう。

を保てる、銅と錫を八：二の割合とした。

溶けた青銅を流し込む湯入れ⑤の後、三十〜四十分ほど自然冷却させて二枚合わせの鋳型を開ける⑥。素手では触れない温度を保っており、バリの部分が鋭利になっているため必ず革手袋をはめての作業となる。

ハンマーやワイヤーブラシで慎重に砂を落とす⑦。とくに鈴の部分は中子が型持によってきちんと「中心」に据えられ、「鈴」になっているかどうかの確認を行う。

◆荒削りと中子の除去◆　通常の円形の青銅鏡と異なり、鈴鏡は鏡の縁辺部に鈴がついている形態のため、鈴を傷つけないよう電動工具や金属用板ヤスリを使って丹念に縁の荒削り、鈴のバリ取りを行う。

また、中子の除去は砂がスムーズに崩れるよう水に漬けて作業を行い、鈴の部分は薄いヘラやコテで開口部から少しずつ砂を崩していくようにする。過度な力が加わると鈴にヒビが入ったりするので細心の注意が必要だ。

◆研磨と仕上げ◆　水で鏡を濡らしながら、耐水性紙ヤスリで研磨する。紙ヤスリが当たりにくい鈴周辺の研磨を怠ると、細かい研磨痕が残ったり鏡面に歪みが生じるので注意が必要だ。

鈴の部分の研磨は、中子が鈴の「中心」に設置されていないと、器壁の厚さにムラが生じ、薄い部分に穴が開いたりヒビが入ったりしてしまう⑧。開口部から鈴の厚みを確認しながら耐水紙ヤスリで丁寧に研磨する。最後に、台所用洗剤とスポンジで研磨剤の汚れなどを丁寧に落とし、乾いた柔らかい布で水分を拭き取って完成となる⑨。

鈴鏡を作ってみて

博物館ではのべ十回以上にわたる鈴鏡復元作業をおこなってきた。

その結果、鈴鏡というものは、その特異な形状から、溶けた青銅が鈴の隅々までなかなか行き渡らない。そもそも中子を鋳型の中心に据えることも難しく、一般的な青銅鏡作りと比べると、成功率がかなり低いものであった。

しかし、鈴の隅々まで溶けた青銅を行き渡らせることは、鋳型を加熱することによって、ある程度解消できるという点が明らかになった。

また、鈴が縁に付いていることで、仕上げまでの削りや研磨作業での電動工具類の使用に限界があり、当時の人びとと同様にヤスリなどの道具を用いて、人力で作業しなければならず、鈴鏡という「形」の復元だけでなく、長い時間をかけないと完成しない「苦労」という、形に残らないものの復元もできたと思う。

山梨県立考古博物館には教材用に巫女埴輪を基にした古代衣装がある。復元した鈴鏡はそのアイテムとして、学校の教育活動や博物館のイベントなどで活躍している。鈴鏡の音色が、古代史への興味をさらに増加させる契機となることを願っている。

〈写真　山梨県立考古博物館（この項すべて）〉

参考文献：雨宮加代子・長谷部久樹・米田明訓「博物館における青銅鏡作り体験の実際的方法2」
（山梨県立考古博物館・山梨県埋蔵文化財センター2011年『研究紀要27』）

第5章
鏡の向こう側の世界へ

再生する鏡

神器としてあがめられた鏡、また神に奉献された鏡、時には神の依代となった鏡
――鏡の呪術性は、古墳時代の日本列島の社会のなかで多様な発展をとげた
古墳時代が終わり、七世紀以降になると、一部の貴人の間で、
ようやく鏡が姿見として使われ始めたと考えられる。
しかし、鏡が単なる映像の道具としてだけ扱われたかというとそうではない
古墳時代の人びとが鏡にもったイメージは、新しい時代になると、
外来の仏や別の神と出会うなかで、反復して再生してゆく。
そしてついには、鏡のなかに神を見出すところに行きついた。
鏡の向こう側の世界は、より豊かに広がっていったのである。

安田靫彦　《小鏡子》

小鏡子とは小さな鏡を意味する。7世紀の貴人の女性が、建物の縁に坐って鏡に見入っている情景である。陽をうけて顔にあたった光を鏡面に反射させ、映った像を見るという、姿見としての鏡の使い方がよくわかる絵である。鏡の鈕孔に領巾状の布を通し、手元で絞って固定した。鏡のモデルは、鏡背紋様から唐代後期のものであろう。
女性に見えたのは、鏡面に映った自身の姿だけだろうか。鏡のなかに、幼い頃の姿を思い浮かべ、将来の様子を予見するかもしれない。鏡の向こう側に、時間を超えた世界がある。

〈昭和22年／川崎市市民ミュージアム蔵 Ⅵ-1〉

鏡のなかに神秘を見る

古墳時代に併行する時期の中国は、漢人の国家が交替した南朝と、北から入ってきた民族が次々と国家を樹立した北朝とにわかれていた時代である。三世紀の段階もふくめて、魏《ぎ》晋南北朝《しんなんぼくちょう》時代ともいわれる。戦乱が相次いだこの時期、銅鉱山の経営が不振に陥り、鋳造業自体が衰えていた。鏡の製作も下火となる。

五八九年に隋《ずい》が中国を再統一すると社会が安定しはじめ、ふたたび鏡の製作もさかんになり、六一八年に唐《とう》[※1]が隋に替わってからは、これまでの中国鏡になかったデザインが登場し、新しい様式が誕生した。それを代表するのが、海獣葡萄鏡《かいじゅうぶどうきょう》である。

シルクロードがもたらした楽園

唐代はシルクロード交易の隆盛にみられるように、西方起源のさまざまな物資がもたらされた時代であった。それが鏡の様式にも影響を与えたのであろう。海獣葡萄鏡は、複雑に絡み合った葡萄唐草紋《からくさもん》のなかに禽獣・鳥・昆虫が配された鏡である。海獣とは何かということについては諸説あるが、ここでは遠く西方の珍しい動物という意味にとらえておきたい。

漢の鏡が方位観や陰陽五行説などにもとづく世界・宇宙の理想的な構造と状態をしめす思想的な傾向が強いのに対し、新しく登場した唐の鏡は、西方起源の珍奇な植物や禽獣で埋め尽くされた現世的な楽園を表現したものである。

時代の気風の違いであるが、しかし両者には、人間にとってよいものを希求する思いが共通して存在する。

中国鏡の様式変化にともなって、日本の鏡もデザインを変えてゆく。

平安時代に起きた鏡の変化

唐代前半期まで中国鏡の鏡背に表現された紋様は、同心円のなかに規則的に図像を配置することを基本とした。これを模倣した倭鏡もまた、図像の配置は基本的に中国鏡を踏襲したものであったが、平安時代の和鏡になるとこの紋様構成が一変して、鏡背をひとつの画面ととらえ、一枚の絵画のような構成があらわれる。秋草双鳥鏡《あきくさそうちょうきょう》は、この時期の代表的な鏡である。

この時期の鏡は、霊山や湖沼に奉納されたものが多い。たとえば、栃木県の二荒山《ふたらさん》神社の神体山である男体山《なんたいさん》の山頂からは、二〇〇面近くにおよぶ平安時代の鏡が見つかっている。山形県の出羽三山《でわさんざん》神社の御手洗《みたらい》池《いけ》（鏡池《かがみいけ》）には、平安時代から江戸時代にかけての鏡一九〇面が埋納されていた。

女人禁制の霊場に参詣できない平安貴族の女性が、みずからの姿を鏡に映し込め、それを身代わりとして霊山の寺院に納めたものであるともいわれている。

海獣葡萄鏡《かいじゅうぶどうきょう》

〈唐 10.7cm／早稲田大学會津八一記念博物館蔵 Ⅵ-3〉

葡萄唐草紋が複雑に絡み合い、そのなかに禽獣などが配されている。それまでの鏡と大きく様式を変えていることがひと目でわかる。唐代の貴族は、西方起源の植物や動物を囲った動植物園を所有したが、それは富の力で成立した地上の楽園ともいえる。海獣葡萄鏡の鏡背紋様には、そのような現世的な楽園像がイメージとして昇華して、結実しているともいえる。

用語集

唐　※1>>>P112

中国の統一王朝（618～907）。7世紀後半の最盛期には東ユーラシア屈指の大帝国となり、シルクロード交易によってペルシア文化が伝来した。9世紀以降、辺境防衛の節度使が軍閥化し、唐は支配力を失って衰亡した。

蔵王権現　※2>>>P114

日本の山岳信仰のなかで生まれた権現。山岳信仰の神祇が仏教の護法神と結びついたもの。

本地垂迹思想　※3>>>P114

仏や菩薩が人びとを救うため神の姿になってあらわれたとする神仏習合の思想。仏や菩薩を本地（真の身）、神を垂迹（仮の身）とする。平安時代に起こり、神号に権現や大菩薩などが付された。

やがて、平安時代後期から鎌倉時代になると、鏡面に仏像や神像を線刻する「鏡像《きょうぞう》」が製作されるようになる。※2蔵王権現《ざおうごんげん》や阿弥陀如来《あみだにょらい》、観《かん》音菩薩《のんぼさつ》などが刻まれたこれらの鏡像は、※3本地垂迹《ほんじすいじゃく》思想にもとづき、神体として扱われる鏡に、その神の本地《ほんじ》仏《ぶつ》である仏像をあらわしたものと理解されている。

鏡像は、一〇世紀後半の五代十国《ごだいじっこく》時代に「※4呉越《ごえつ》国（中国・浙江省《せっこうしょう》付近）を中心に中国での作例も多く、中国から新たな鏡のスタイルとして伝播してきたものが、本地垂迹思想と結びついて、日本独自に発展していったのであろう。鏡を神仏とみなす考え方は、ここに成熟していく。

秋草双鳥鏡《あきくさそうちょうきょう》
〈12世紀中頃 10.2cm／國學院大學博物館蔵 Ⅵ-6〉

2羽の鳥と秋草を配した秋草双鳥鏡は、平安時代後期の典型的な和鏡である。それまでの円を中心として規則的に図像を配置したり、玄武・青龍・朱雀・白虎などの四神で方位を意識したりする構成とはまったく異なっており、鏡背が１枚の絵のキャンバスのようである。

金属鏡の終焉と魔鏡

さて、金属製の鏡は、明治時代中期になると、欧米から新しく入ってきた※5ガラス鏡が国産化されたことにより、急速に使われなくなっていった。この、金属製の鏡の最後の時期の思想をうかがわせるのが、「魔鏡《まきょう》」である。

魔鏡とは、鏡面に反射した光のなかに、鏡背の紋様もしくは内部に鋳込まれた図柄が映る鏡のことである。州浜松竹双鶴魔鏡《すはましょうちくそうかくまきょう》は、鏡背に鋳出された紋様は、浜辺に松竹・二羽の鶴をあしらった目出度い図柄であるが、鏡面に反射した光のなかには阿弥陀来迎図が現れるという後者の魔鏡である。

鏡が二重体構造になっていて、内部の鏡背に阿弥陀来迎図があり、これが鏡面に微妙な凹凸を生み出し、図像が映し出されるものであるが、この仕組みについては解明されていないことも多い。一九世紀半ばの幕末から明治時代初期に多く作られたようで、このなかには、十字架に架けられたキリスト像が現れるものもある。なお、各地に伝来する十字架が現れる魔鏡を、※6隠《かく》れ切支丹《きりしたん》が信仰した物ととらえる向きもあるが、制作時期が一九世紀後半というかなり新しい時代のものである可能性も検討すべきであろう。

一九世紀後半の魔鏡は、金属鏡の最後の時期まで、鏡のなかにカミをみる思想があったことをしめす資料である。

中国で誕生してから四〇〇〇年、日本列島に伝来して二〇〇〇年以上に及んだ金属製の鏡は、日常生活の場からは姿を消した。しかし、鏡に神秘の力をみる心性は、現代のわれわれの心のなかにも底流として生き続けているのである。

（新井 悟）

州浜《すはま》松《しょう》竹《ちく》双鶴《そうかく》魔鏡《まきょう》

〈19世紀後半 21.3cm／國學院大學博物館蔵 Ⅵ-8〉

鏡背には浜辺に2羽の鶴と松竹が描かれているだけであるが、鏡面に光をあてると、反射した光のなかに阿弥陀来迎図が現れる。内部が二重体構造になっていて、阿弥陀来迎図が仕込まれていると考えられる。幕末〜明治時代初期の作。

用語集

呉越国　※4>>>P114

唐の節度使・銭鏐（せんりゅう）が建てた王朝(907〜978)。仏教を保護し、散逸した仏典を求めて日本にも使者を遣わした。

ガラス鏡　※5>>>P114

ガラス板の裏面に銀メッキと保護膜などを施したもの。現在、一般に多くみられる鏡。

隠れ切支丹　※6>>>P115

潜伏キリシタンとも言う。江戸時代、幕府によりキリスト教が禁教となっても、ひそかにキリスト教を信仰した信徒。

おわりに

鏡を研究対象とする学問分野は多くあります。文学、神話学、宗教史など、実にさまざまな分野がそれぞれの目的と方法で、鏡にアプローチしています。なかでも考古学では鏡の研究が活発です。鏡を分類し、系譜関係を調べ、年代を与える、という考古学分野の成果は、鏡の歴史を語るなかで、絶対に必要な基礎作業です。

しかし、鏡と古代人の心性を語る企画展（川崎市市民ミュージアム「古鏡　—その神秘の力—」展）を作り上げるのに一番注意したのは、できるだけ考古学の発想によらず、他分野の成果をいれることでした。鏡の歴史がもつ面白さを描くために鏡の神秘性というテーマをかかげましたが、これにそって展示を組み立てるためには、形の変化の仕方ではなく形の意味を説明することを心がけて、できるだけ考古学から抜け出す必要がありました。果たして、うまく実現できたかどうか。

企画展開催中のワークショップでは、普段接することの少ない鋳物づくりの体験ができるようにしました。川崎市白山古墳から出土した珠紋鏡を同型鏡づくりの技法で鋳造する、大人を対象としたワークショップ、自分で鋳型に紋様を彫り込んで鏡をつくる、子どもを対象とした体験教室、実際の砂型に紋様を描くことで鋳型づくりの難しさを体感する実験室など、金属製品をつくる魅力と難しさに多くの参加者が驚いていていました。滅多にできない体験を提供できるのも、企画展の醍醐味のひとつです。

企画展では多くの所蔵機関・所蔵者の皆様のご理解をえて、資料を展示することができました。本書にも掲載許可を与えていただき、感謝にたえません。河出書房新社の稲村光信氏、盛田真史氏から本書の企画・提案をいただいたことで、川崎市市民ミュージアムで開催した展示を、ひろく知っていただく機会を与えられました。末筆ながら心より感謝申し上げます。

二〇一八年八月

新井 悟

執筆者紹介

新井 悟　元川崎市市民ミュージアム学芸員・川崎市教育委員会事務局文化財課

別掲（120 ページ）

岸本 泰緒子　公益財団法人かながわ考古学財団

考古学。駒澤大学大学院人文科学研究科博士後期課程単位取得退学。主要論文に「中国鏡の出現－出現期銅鏡の再検討－」『中華文明の考古学』同成社（2014 年）など。本書では第 2 章「変化する中国鏡」の執筆を担当。

雨宮 加代子　元山梨県立考古博物館

明治大学文学部史学地理学科考古学専攻卒業。山梨県立考古博物館で青銅鏡作り体験を研究・指導。本書では「トピックス　銅鏡のつくりかた」「トピックス　鈴鏡を復元する」の記事監修を担当。

主要参考文献

◉新井 悟・石渡美江・岸本泰緒子・近藤さおり・折茂克哉 2009 年
「ユーラシア大陸鏡集成」『博望』第 7 号 東北アジア古文化研究所

◉岡村秀典 2009 年「前漢鏡銘の研究」『東方学報』第 84 冊 京都大学人文科学研究所

◉孔祥星・劉一曼 1984 年『中国古代銅鏡』文物出版社（訳本『図説　中国古代銅鏡史』1991 年
訳者：高倉洋彰・田崎博之・渡辺芳郎　中国書店）

◉岸本直文 2013 年「三角縁神獣鏡と前期古墳」『副葬品の形式と編年』古墳時代の考古学 4 同成社

◉車崎正彦 1999 年「副葬品の組み合わせ　－古墳出土鏡の構成－」『前方後円墳の出現』雄山閣

◉車崎正彦編 2002 年『弥生・古墳時代　鏡』考古資料大観 5 小学館

◉小林行雄 1961 年『古墳時代の研究』青木書店

◉下垣仁志 2010 年『三角縁神獣鏡事典』吉川弘文館

◉田中 琢 1977 年『鐸剣鏡』日本原始美術体系 4 講談社

◉田中 琢 1979 年『古鏡』日本の原始美術 8 講談社

◉田中 琢 1981 年『古鏡』日本の美術 3 至文堂

◉林巳奈夫 1972 年「漢鏡の圖柄二、三について」『東方学報』第 44 冊 京都大学人文科学研究所

◉林巳奈夫 1978 年「漢鏡の圖柄二、三について（続）」『東方学報』第 50 冊 京都大学人文科学研究所

◉樋口隆康 1979 年『古鏡』『古鏡図録』新潮社

◉福永伸哉 2005 年『三角縁神獣鏡の研究』大阪大学出版会

◉福永光司 1987 年『道教と古代日本』人文書院

◉森下章司 1991 年「古墳時代仿製鏡の変遷とその特質」『史林』第 74 巻第 6 号

川崎市市民ミュージアムについて

博物館と美術館の複合文化施設！

「都市と人間」を基本テーマに、1988年11月に開館した博物館と美術館の複合文化施設。

川崎の成り立ちと歩みを考古、歴史、民俗などの角度から紹介する博物館。川崎ゆかりの作品のほか、都市に集まる人々の刺激から生み出されたポスター、写真、漫画、映画、ビデオなど、近現代の表現を中心に紹介する美術館。こうした2つの側面から収集された多彩なコレクションと、独自性のある企画を館の特色として活動を続けている。

常設展・企画展のみならず、映像の定期上映やコンサート、パフォーマンス、講座やワークショップなどが行われている。多様な文化にふれることで、新たな発見に出会う——文化の楽しさを実感できるスポットだ。

川崎市市民ミュージアム

- 神奈川県川崎市中原区等々力1-2（等々力緑地内）
- TEL／044-754-4500
- 開館／9:30～17:00（入館は16:30まで）
- 休館／月曜（休日の場合は開館）、祝日の翌日（土・日の場合は開館）、年末年始
- 料金／博物館展示室は無料。企画展、アートギャラリー展は展覧会によって異なる。
- ホームページ https://www.kawasaki-museum.jp/

アクセス

JR・東急、武蔵小杉駅からバス10分（「市民ミュージアム」または「市民ミュージアム前」下車すぐ）

「古鏡 —その神秘の力—」概要

○ 開催期間／2015年10月10日～11月23日
○ 主催／川崎市市民ミュージアム
○ 展示構成／Ⅰ.鏡誕生　プロローグ、Ⅱ.漢の鏡、Ⅲ.呉の鏡、魏の鏡、三角縁神獣鏡、Ⅳ.倭の鏡、Ⅴムラの鏡、古墳の鏡　—神奈川県・東京都出土の弥生～古墳時代の鏡—、Ⅵ.鏡の向こう側　エピローグ

※本書は、企画展「古鏡 —その神秘の力—」の内容をふまえて書籍として再構成したものである。
本書に収録されている図版・写真は企画展において展示されたものと異なるものも含む。

編著者

新井 悟
元川崎市市民ミュージアム学芸員
川崎市教育委員会事務局文化財課

考古学。1969年東京都生まれ。2001年明治大学大学院博士後期課程学位取得修了、博士（史学）。主要論文に「鏡」『古墳の見方』ニューサイエンス社（2014年）、「鏡―東国における配布の中心を考える」『古墳時代　毛野の実像』雄山閣（2011年）、「考古学において展開された古墳時代の鏡に関する鋳造技術論の構造（1945年以前）」『FUSUS』2号（2010年）、「隅田八幡鏡発見以前」『博望』5号（2004年）、「東京都北区田端不動坂遺跡の鏡埋納遺構」『日本考古学』13号（2002年）、「古墳時代倣製鏡の出現と大型鏡の意義」『考古学ジャーナル』421（1997年）、「鼉龍鏡の編年と原鏡の同定」『駿台史学』95号など。2015年の川崎市市民ミュージアムの企画展「古鏡 ―その神秘の力―」を担当。

古鏡のひみつ 「鏡の裏の世界」をさぐる

2018年9月20日　初版印刷
2018年9月30日　初版発行

編著者 ―――――― 新井 悟

発行者 ―――――― 小野寺優

発行所 ―――――― 株式会社河出書房新社
〒151-0051　東京都渋谷区千駄ヶ谷2-32-2
電話　03-3404-1201（営業）
　　　03-3404-8611（編集）
http://www.kawade.co.jp/

企画・構成 ―――――― 盛田真史

イラスト ―――――― もりのぶひさ

装丁・本文デザイン ―――――― 阿部ともみ［ESSSand］

印刷・製本 ―――――― 三松堂株式会社

Printed in Japan
ISBN978-4-309-22746-7